名师名校名校长

凝聚名师共识
回应名师关怀
打造名师品牌
培育名师群体

程晓远题

明心知往 力行求至

基于提升幼儿语言核心经验的亲子共读指导策略研究

吴琴芳 主编

中国出版集团　现代出版社

图书在版编目（CIP）数据

明心知往　力行求至：基于提升幼儿语言核心经验的亲子共读指导策略研究 / 吴琴芳主编.—北京：现代出版社，2023.5

ISBN 978-7-5231-0307-4

Ⅰ.①明… Ⅱ.①吴… Ⅲ.①语言教学—教学研究—学前教育 Ⅳ.①G613.2

中国国家版本馆CIP数据核字（2023）第072297号

明心知往　力行求至——基于提升幼儿语言核心经验的亲子共读指导策略研究

作　　者	吴琴芳
责任编辑	李　昂
出版发行	现代出版社
地　　址	北京市安定门外安华里504号
邮政编码	100011
电　　话	010-64267325　64245264
网　　址	www.1980xd.com
印　　制	北京政采印刷服务有限公司
开　　本	710mm×1000mm　1/16
印　　张	14.5
字　　数	229千字
版　　次	2023年5月第1版　　2023年5月第1次印刷
书　　号	ISBN 978-7-5231-0307-4
定　　价	58.00元

目 录

C
O
N
T
E
N
T
S

目 录

上篇 亲子共读理论篇

基于提升幼儿语言核心经验的
亲子共读指导策略研究

一、研究的背景

（一）幼儿园教育质量提高的需求

1. 国家大力发展学前教育对公办幼儿园教育质量提出了更高要求

近年来，国家对学前教育更加重视，同时对公办幼儿园的教育质量提出了更高的要求。深圳市着力优化学前教育办学结构，构建以新型公办幼儿园为核心、机构类型和服务形式多样化的学前教育公共服务新体系。而在公办幼儿园数量增加的同时，提质尤为重要。2012年，国家颁布《3～6岁儿童学习与发展指南》，提出了各年龄段儿童的学习与发展目标和相应的教育建议，提高教育质量，促进儿童的全面、协调发展。2018年11月7日颁布的《关于学前教育深化改革规范发展的若干意见》中指出："遵循学前教育规律，牢牢把握学前教育正确发展方向，完善学前教育体制机制，健全学前教育政策保障体系，推进学前教育普及普惠安全优质发展，满足人民群众对幼有所育的美好期盼，为培养德智体美劳全面发展的社会主义建设者和接班人奠定坚实基础。"

2. "双区驱动"发展战略对大湾区学前教育提出了更高要求

大湾区致力打造教育和人才高地，对人才培养提出更高的要求。"人生百年，立于幼学"，2019年初发布的《粤港澳大湾区发展规划纲要》指出，要打造粤港澳大湾区教育和人才高地。在粤港澳大湾区高端产业建设背景下，大湾区需要培养高素质的创新型技术技能人才、提高创新创业教育人才培养质量、打造人才成长生态新环境。而儿童是未来的主人翁，在此背景下，家长需要培养幼儿适应大湾区发展需求的基本品质。因此，提高学前教育质量、契合大湾区家长需求，就是为城市发展、社会进步挖掘潜力，储备动能。

3. "幼有善育，学有优教"对学前教育提出了更高要求

以高质量的教育发展打造民生幸福标杆，实现"幼有善育，学有优教"。"幼有善育"会把普及幼儿阶段教育做得更加完善，把幼儿教育发展到国际化先进水平，使幼儿教育成为高质量办学的模范先锋，这是大湾区迈入新时代的重大使命、重大任务、重大机遇，也意味着大湾区高标准办好学前教育，做好"教育先行"，面临着更大压力。

可见，有效提高幼儿园教育质量，已经成为幼儿园课程改革的重点，而幼儿园语言活动的质量也逐渐被重视，只有理解和掌握幼儿语言学习发展的特点和不同阶段的发展要求，才能准确地设置活动目标，组织、实施语言活动，真正提高语言活动的教育质量，促进幼儿的语言发展。

（二）幼儿语言核心经验的重要价值

3～6岁儿童正处于语言发展的关键期，语言核心经验的学习与发展为其语言符号系统的建立奠定了重要基础，同时也为其成长为成功的社会交流者做好充分的准备。因此，幼儿语言发展顺畅与否将直接影响其今后的思维和交际能力的发展。此外，语言领域教学是幼儿园课程中的重要组成部分，了解和把握幼儿语言学习与发展的规律与特点，也是提升教师语言领域教学质量的重要保障。

（三）亲子共读有利于提升幼儿语言核心经验

1. 陪伴是最好的教育，家园合力共促幼儿发展

"注重家庭、注重家教、注重家风，对于国家发展、民族进步、社会和谐具有十分重要的意义。"家园共育形成教育合力，综合发挥效能，是粤港澳人才需求与幼儿家长需求的必然要求。张志勇提出，家长教育是学校教育的富矿，是学校教育、社会教育、实践教育和家庭教育的补充，是必不可少的。家庭作为社会的有机组成部分，是人生的第一所学校，而家长则是幼儿的第一任老师，即启蒙之师，其一言一行都会对幼儿产生潜移默化的影响。因此，家园共育，力求达到1+1>2的效果。

2. 亲子共读有利于提升幼儿语言核心经验

《3～6岁儿童学习与发展纲要》中明确地把早期阅读的要求纳入语言教育的目标体系，并提出要"利用图书、绘画和其他多种形式，引发幼儿对书籍、阅读和书写的兴趣，培养前阅读和前书写的技能"（王西敏，2003）。在亲子共读过程中，幼儿通过接触不同的文学作品获得不同的语言信息。多样化文学形式的作品，不仅可以让幼儿感知、理解绘本故事，增强幼儿的审美体验，丰富幼儿的情感，陶冶幼儿的审美情操。还可促进幼儿高质量语言词汇的积累，帮助幼儿学会创意表达情感，增强对不同作品的语言敏感性等。因此，亲子共读有利于促进幼儿语言核心经验的提升。

（四）家长对语言核心经验的认知不清晰

有研究表明，家长已经认识到绘本阅读对幼儿发展以及亲子关系的重要性，但是他们对语言核心经验的了解并不充分。当前，越来越多的学者进行PCK领域知识相关研究，然而关注学前儿童语言核心经验与亲子共读之间联系的相关研究较少。家长对语言核心经验的认识直接影响亲子共读的方法策略，以及家长对幼儿语言表达、前阅读、前书写等的培养。因此，我们以此为角度探讨亲子共读的策略是有必要的。

（五）当前教师开展绘本阅读提升幼儿语言核心经验存在不足

日本著名教育家佐藤学提出：19世纪和20世纪的教师是"教"的专家，而21世纪的教师应该是"学"的专家，这需要教师基于儿童的"学"，即该阶段儿童的学习与发展的核心经验，进行适宜的指导和支持。但是在幼儿园教育工作中，从《幼儿园教育指导纲要》和《3～6岁儿童学习与发展指南》中，我们很难找到有关幼儿应具备的经验方面的具体描述，而多数幼儿教师的学科知识和幼儿发展知识相对欠缺，教师在开展绘本教学中不能够准确定位幼儿的发展方向和学科重点，不明确幼儿在哪些方面得到发展就能够为幼儿在这一学科的后继学习和终身发展奠定良好的基础，难以有效支撑对幼儿发展的准确定位、有效指导和科学评价。此外，教师指导家长进行亲子共读的方法也存在不足。

（六）我园"亲子阅读"的实践在不断探索中

我园以早期阅读为特色，借助课题引领，先后承担了多个国家级、省级有关早期阅读的研究课题，包括广东省教育科研"十五"课题《分享阅读在幼儿园和小学教学中的研究与应用》，"十一五"课题《早期阅读组织策略研究》，"十二五"课题《基于图画书类型的早期阅读指导研究》，"十三五"课题《关于亲子阅读方法多样性的指导研究》，宝安区教育科学研究课题《儿童散文诗教学的组织策略研究》；参与了"深圳市学前教育家园共育公益指导计划"学前教育家园共育公益指导项目"亲子阅读交流"。在专家的引领和团队的互相学习及支持下，通过研究了解学前儿童语言学习与发展的阶段及内涵，掌握不同年龄阶段、不同经验水平儿童的语言学习状态，并将其运用于幼儿园语言教育的实践，形成了一些有效的教学指导策略。我们发现，虽然在课题研究中开展了一些亲子阅读活动，积累了一些亲子阅读指导方面的经验，但是针对家庭亲子阅读方法的指导还不够具体和明晰，家长们对培养孩子阅读兴趣的有效策略不足，在指导幼儿阅读方面做得还不尽如人意，在亲子阅读中大多形式单一、流于形式，等等。因此对于指导家长如何有效地进行亲子阅读是迫在眉睫的，我们希望对亲子阅读进行延续性和深入性探究，以获得有效的、更为具体的亲子阅读指导策略。

为此，我园在开展早期阅读课题的基础上，借此课题，深入分析如何借助亲子阅读提升幼儿语言核心经验，进而促进幼儿语言能力的发展；在为家长们提供优质阅读方法的同时，提高亲子阅读的兴趣及培养良好的亲子阅读习惯，让阅读生活陪伴幼儿快乐成长。

二、研究的价值与创新

（一）研究价值

在幼儿园教学活动实践中，如何把握住幼儿语言发展关键期，促进幼儿语言和思维能力的发展，如何将语言教育的核心经验更好地渗透在幼儿其他领域的教学和幼儿的一日生活当中，如何使幼儿语言领域教学活动更具有效性，是衡量幼儿教师专业化水平的重要标准。基于提升幼儿语言核心经验的亲子共读指导策略研究，一方面可提升教师指导幼儿绘本阅读及亲子绘本阅读的水平；另一方面，也可提升教师指导家长掌握具体、有效的亲子阅读策略，提升亲子阅读质量。

同时，我们的研究也进一步丰富了我园早期阅读的特色经验。我们的研究内容新颖，研究方法具有有效性，从儿童语言学习与发展核心经验的角度出发进行亲子阅读指导策略研究，可以促进教师思考，丰富幼儿园语言教学活动的研究，推动整个幼儿园语言教育活动理论的发展；也进一步丰富了儿童家庭教育及早期阅读的理论，为亲子阅读提供可借鉴的指导范例。

（二）创新之处

有关亲子阅读的研究，国内多以描述性为主，关于幼儿语言核心经验有关的理论研究大多集中于对语言领域的介绍，及其表现特点及关系等方面的分析，但是如何将亲子阅读与提升幼儿语言核心经验相联系的研究较少，且相关研究缺乏亲子共读与阅读质量的联系。因此，本研究在此基础上，从提升幼儿语言核心经验视角进行亲子共读指导策略研究，希望能促进幼儿语言能力的发展，进一步提升亲子阅读质量。

三、研究的相关概念

（一）儿童语言核心经验

关于儿童语言领域的核心经验，华东师范大学周兢教授提出：学前儿童语言学习核心经验，是将学前儿童语言学习与发展知识转化为儿童语言学习领域核心经验的系统知识。其研究团队认为，学前儿童学习与发展核心经验由三个主要部分组成，分别是早期口头语言交流与运用经验、早期书面语言学习与运用经验、早期文学语言与运用经验，我们主要选取早期书面语言，亦即前阅读、前识字、前书写作为此研究的语言核心经验指标。

（二）亲子共读

《教育大辞典》中指出，亲子阅读指的是在儿童年龄超出一岁半之后，成人引导儿童开展阅读活动，使儿童能够积累相应的识字量，达到这一条件之后，儿童便具备了自主阅读的能力。王西敏认为，亲子阅读是指父母亲和孩子围绕图书展开讨论、交流的一种分享性的、个别化的阅读活动（王西敏，2003）。北京师范大学儿童心理研究所舒华教授认为，"亲子阅读就是要让孩子'在互动中享受快乐，在快乐中学习阅读，在阅读中悄悄成长'"（舒华，2006）。张晓怡在前面两个定义的基础上将亲子阅读总结定义为"在轻松、愉快的亲密气氛中，父母和儿童共同阅读图书的类似游戏的阅读活动"（张晓怡，2008）。黄敏则认为"亲子阅读，是指会阅读的成人（家长）与学龄前幼儿一起阅读，包括讲故事、做游戏、看图识字、读图画故事书等一起参与阅读并指导阅读"（黄敏，2011）。

综上，本研究认为，"亲子共读"是指在亲密、融洽、和谐的氛围中，父母和幼儿共同欣赏图画书，并针对书中的故事展开讨论、交流，引导幼儿积极主动思考，鼓励幼儿发表观点，以培养幼儿的阅读能力为目标的一种双向互动的活动。

四、研究的内容、方法

（一）研究内容

《幼儿园教育指导纲要（试行）》第一次明确地把幼儿早期阅读方面的要求纳入语言教育的目标体系，提出要"培养幼儿对生活中常见的简单标记和文字符号的兴趣；利用图书、绘画和其他多种方式，引发幼儿对书籍、阅读和书写的兴趣，培养前阅读和前书写技能"。此外，《3~6岁儿童学习与发展指南》对学前儿童语言领域提出了合理的目标期望，强调"语言是交流和思维的工具。幼儿期是语言发展，特别是口语发展的重要时期，幼儿语言的发展贯穿于各个领域，也对其他领域的学习和发展有着重要的影响"。因此我们认为，幼儿的语言核心经验发展是极其重要的，而掌握有效的亲子共读策略对于提升幼儿语言核心经验具有重要影响。我们主要围绕以下几个方面展开研究：

（1）调查亲子阅读的现状，如家长对亲子阅读方法及指导策略的认识等，目前存在哪些问题。一是编制调查、访谈问卷，了解家长对亲子阅读和幼儿语言发展的认识；二是分析亲子阅读提升幼儿语言核心经验中存在的问题。

（2）基于存在的问题，以提升幼儿语言核心经验为突破口，进行亲子阅读指导策略的实施与改进。一是根据调查问卷与分析，明确影响亲子阅读提升幼儿语言核心经验的因素；二是通过个案跟踪，在实践中梳理提升亲子阅读质量的相关途径。

（二）研究方法

1. 文献法

通过查阅文献，了解关于亲子共读的研究和理论，借鉴已有的研究成果和经验教训，找到新的生长点，为课题研究提供理论框架和方法论。一是通过大量文献的阅读与分析更为全面地了解亲子阅读研究的现状；二是重点关注该领域的研究，找到自己的研究视角和思路，并将借鉴国内外相关研究来分析和讨论本研究状况背后可能存在的原因及对策。

2. 个案研究法

本研究主要采用质性取向的个案研究方法，个案研究侧重于研究其行为发展变化的全过程，指在较长时间里，进行连续、深入、细致的调查，收集相关问题的资料。本研究的核心问题是"提升幼儿语言核心经验的亲子共读指导策略"，质性研究能够描绘出幼儿语言发展的状况，因此，我们选择出具体的个别家庭：对所选个案幼儿的语言发展及亲子阅读状况进行调查→现状分析，深入了解在亲子共读中影响语言核心经验提升的原因及要素→组织实施策略。

3. 调查研究法

（1）家长参与问卷调查。对全园家长开展幼儿亲子阅读现状问卷调查，了解家长在亲子阅读中存在的问题、对领域知识的认识、对幼儿语言核心经验的认识等，为本课题研究提供现实依据。

（2）访谈法。幼儿家长及园内幼儿教师对所选个案进行半结构化访谈。访谈分两个阶段，初期辅以问卷调查以进行现状调查和问题分析，后期以语言核心经验为突破口，了解亲子阅读组织实施策略的成效。

4. 行动研究法

对所选个案的幼儿进行追踪指导，通过调查分析—计划—行动—考察—反思等，根据调查情况及反馈实效，形成了由园长牵头、教师共同参与、家长配合、专家指导的合作性行动研究，以期通过有效的亲子共读指导策略促进幼儿语言核心经验的提升。

五、研究的过程

（一）研究之初，做好前期调研工作，制订课题研究方案

成立课题组，课题组骨干教师查找文献研究，了解国内外研究现状，确定课题研究方向，组织课题组教师学习、研讨，明确课题研究的目标、制订课题

研究方案，全面开展与本课题有关的研究。

（二）问卷调查，了解亲子共读现状以及家长对幼儿语言核心经验的认识

研究之初，基于课题研究目标以及实施方案，我们制定了关于亲子共读现状的调查问卷。此问卷经过多次调整打磨，进行信效度检测。问卷包含多个维度：基本信息、亲子阅读习惯、亲子阅读策略、语言核心经验了解的误区以及对早期书面语言核心经验的认识。我们将问卷发放给全园幼儿家长，以了解亲子共读存在的普遍问题。问卷回收情况如下：

小班回收412份，回收率87%；中班回收505份，回收率85%；大班回收459份，回收率78.7%。

关于幼儿基本信息，其中非独生子女小班占70.63%，中班占73.66%，大班占69.93%，非独生子女所占比重较大。通过问卷可见，家长学历普遍较高，大专及以上学历的幼儿家长高达78%。经过访谈发现，家长的受教育程度对亲子共读质量有一定的影响，多数家长反馈由于工作繁忙，陪伴孩子阅读的时间有限。且我园非独生子女占比较高，相对而言，家长陪伴孩子的时间会受到家庭中孩子数量的影响。

关于亲子阅读行为习惯。小、中、大班每天阅读一次的家庭都不到50%，一周阅读一次及以下的家庭占有一定的比重，其中小班占14.32%，中班占10.89%，大班13.29%；小、中、大班家长与孩子共读的时间所占比重最多的是5～15分钟，其次是15～30分钟，但是二者所占比重仍有很大的提升空间。亲子共读的目的之一是提升幼儿阅读的兴趣，让其喜欢阅读、主动阅读。本次调查显示，"阅读由幼儿发起的"所占比重是最少的，其中，"家长和幼儿都有且分不清谁多谁少"所占比重是最多的。多数家长经常让孩子复述和读字，小、中、大班分别有19.66%、18.61%、21.79%，不会让孩子"复述、读字给家长听"的所占比例是最少的。家长们普遍认为，孩子读懂绘本的标志是能够提问绘本中的内容，其次是复述出故事的内容。在家长与孩子结束阅读的情形中，小、中、大班幼儿主动结束阅读的占比最少；父母按计划时间，到时间就结束阅读的所占比重仍很大。多数家长认为陪孩子阅读是想让他早点识字，为上学做准备，可见转变家长的阅读观念很有必要。

关于亲子阅读的指导策略来源，小、中、大班家长普遍认为现有的亲子阅读指导策略是自己摸索的，幼儿园的指导所占比重仍有很大的提升空间，电视、图书、网络等大众传媒的介绍也占有较大的比重。关于"在亲子共读中就绘本封面进行提问"，只有少数家长会经常进行，多数家长只是偶尔提问封面，部分家长从不对封面进行提问，其中小班占12.86%、中班占13.86%、大班占15.69%。并且调查显示，大多数家长在阅读绘本封面时只读书名，对书名、作者、出版社全部都读的只有少数，甚至部分家长跳过封面直接阅读正文。由此可见，正确的绘本阅读方式是家长需要掌握的。

关于绘本内容，大部分家长只是偶尔在阅读过程中提问孩子，经常提问的家长所占比重不高。在亲子共读结束后，大多数家长会问一问绘本的大概内容，但有一部分家长什么都不问，直接结束；让孩子结合绘本内容创编新故事的仅有个别家长。共读中鼓励幼儿用自己的方式，如故事复述、搭建、游戏延伸等表达、表现极为重要，多数家长表示只是偶尔进行，经常进行的家长只有一小部分，每次都会鼓励的只有个别家长。适宜的评价对阅读有良好的促进作用。在孩子回答问题之后，有一半的家长会针对孩子的回答进行评价，如"观察得很仔细""你的想法真不错""你说得很完整"；其次是有评价，但评语比较单一（很好、很棒、厉害），其中小班占46.84%、中班占42.18%、大班占39%，个别家长没有评价，继续阅读。

不同年龄段的孩子亲子阅读的方法不同，培养孩子良好的阅读习惯，家长需要注重对孩子的阅读指导。研究显示，亲子共读中，家长采用的具体的指导方法最多的是图读法（边讲故事边指图画），其次是点读法（边讲故事边指汉字）和陪读法（让孩子自主阅读，孩子有问题给予帮助），采用诵读法和跟读法的家长最少。问卷显示，家长们已经会使用多种技巧和幼儿共读。其中采用最多的是在活动中经常改变语气、语速，用生动的语调引起孩子的注意；其次是模仿故事情节，与孩子分角色扮演，体验情感迁移，经常随机表扬、鼓励孩子以及阅读时联系孩子的生活经验讨论书中的内容；而根据阅读内容与孩子玩游戏、经常要求孩子复述、鼓励孩子尝试创编故事以及就书中的内容及时提问这些技巧使用频率最低。

关于幼儿语言核心经验。在问卷调查以及教师访谈中，大多数家长表示不了解语言核心经验，不清楚前阅读、前识字、前书写的具体指标，仅有个别家长听说过"核心经验",但对于如何在亲子共读中渗透语言核心经验、运用哪些策略帮助孩子在阅读中提升语言核心经验,家长普遍是不够清晰的,这也使我们的研究更有必要性。

(三)不断修订、完善个案研究思路

1. 确定个案研究对象

我园以早期阅读为特色,努力营造阅读氛围,注重幼儿的参与、已有生活经验的融入,倡导幼儿自主阅读,养成幼儿自觉求知的习惯。幼儿园坚持每年开展历时一个月的"读书节"活动,通过"爱阅读家庭""阅读之星""最美童音""最萌书模"等经典活动,让家长和幼儿参与其中。我园还积极开展家长、幼儿童话剧表演,幼儿通过已有经验理解故事,进入故事情境中,并创造性地讲读、表演故事,使得故事更加精彩有趣,提升幼儿的语言素养,促进他们语言能力的发展。基于早期阅读特色课程的推进,我们以此为基础展开此项研究,以总园为主导,分园协同开展,经过访谈教师以及家长,了解幼儿班级阅读、亲子共读和语言表达情况。我们共选取了小、中、大班48个幼儿作为研究对象,所选研究对象的语言发展水平以及亲子共读情况各不相同。根据研究目的,通过观察法、个案跟踪、访谈法等研究方法分析亲子阅读与幼儿语言能力的关系,通过语言核心经验的引入来发现与幼儿语言能力的关系并做出比较。同时,我们与教师、家长进行合作,开展亲子共读活动,针对共读中幼儿的语言能力发展情况进行观察和评价,对没有达到语言能力水平的幼儿采取相应的支持性策略。

2. 选取研究使用绘本,撰写绘本导读

根据问卷调查以及对家长访谈,我们发现,尽管家长们对亲子共读方法、幼儿语言发展有一定的了解,但对于如何选择适合不同年龄段幼儿阅读的绘本书目有较大的挑战。此外,绘本本身种类繁多、主题多样、风格多变,家长应选择何种方法陪伴孩子阅读?如何在共读中激发孩子的语言表达?有哪些策略可以支撑家长与孩子"悦"读?幼儿作为亲子阅读的主体,是我们选择绘本的主要依据,只有了解和尊重幼儿的年龄特征、身心发展特点、性别、兴趣及需要等,才有可能选择出适宜的绘本,这也是有效开展亲子阅读的前提。因此,我们遵循幼儿的兴趣,为个案幼儿选取了如下绘本。结合幼儿年龄特点,我们组织教师研读绘本，进行读本分析，分别撰写了绘本导读。

小班	中班	大班
《13楼有只恐龙》	《好饿的毛毛虫》	《风到哪里去了》
《彩虹色的花》	《动物量体重》	《迟到大王》
《大卫，不可以》	《彼得的椅子》	《田鼠阿佛》
《猴子捞月》	《阿虎开窍了》	《怪叔叔》
《母鸡萝丝去散步》	《咕叽咕叽》	《金老爷买钟》
《月亮，生日快乐》	《妈妈，买绿豆》	《发火》
《爸爸去上班》	《我的情绪小怪兽》	《上厕所》
《我永远爱你》	《肚子里有个火车站》	《团圆》
《小黑鱼》	《金发女孩和三只熊》	《爷爷一定有办法》
《棕色的熊》	《好乖的波波》	《谁的袜子》
《阿文的小毯子》	《又有了一个弟弟》	《生气汤》
《臭臭的比尔》	《自己的颜色》	《卖爸爸卖妈妈的商店》
《小蓝和小黄》	《生气的亚瑟》	《小威向前冲》
《晚安，大猩猩》	《三只山羊嘎啦嘎啦》	《孩子的权利》
《阿立会穿裤子了》	《我想吃一个小孩》	《打架的艺术》
	《胡萝卜怪》	《荷花镇的早市》
	《鸭子！兔子！》	

3. 修订、完善个案研究思路

个案研究法是指对某一个体、群体或某一个组织在较长时间里连续进行调查研究和深入分析，并从典型的个案中推导出普遍规律的方法。个案研究法的研究对象是"个案"。个案的范围包括个人、群体、组织、事件、问题、现象等内容，是教育研究中十分重要的研究方法。根据研究目标，结合实际情况，我们不断调试个案研究的路径，完善研究工具。

首先，根据课题研究目标，我们制订了个案实施方案：确定个案对象→分析与诊断（分析幼儿阅读情况）→制订个案研究方案→教师收集资料（亲子共读观察记录、访谈家长）→研讨总结并提炼新策略→实施个案指导（给出指导策略）→循环收集资料、数据→形成研究报告。

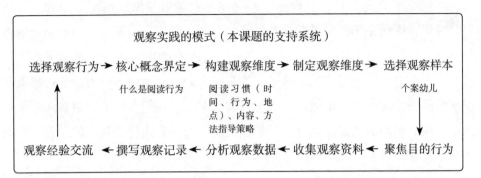

参考来源：模拟训练流程图（唐莹、钱兵，2020）

教师是课题研究与家长之间的桥梁，教师的引导起重要作用，幼儿观察日志、家长在参与过程中的反馈是重要数据，须认真严格记录，我们在实施中注重收集和分析过程性资料，主要包括：

主体资料——个案对象的表现，如亲子共读视频、记录单、成果、一日生活中涉及阅读的任务幼儿完成情况、幼儿阅读作品等。

客体资料——教师的评价（主要做描述性评价，如一日生活中阅读相关行为等），如个人档案、观察记录单；家长对幼儿表现的评价、家长对策略的看法。

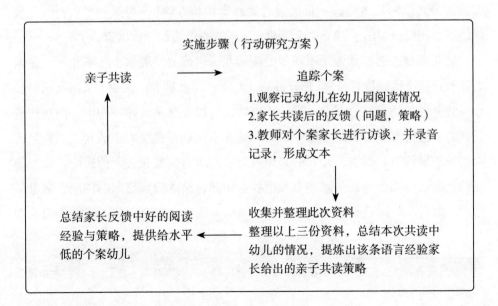

4. 研究工具的选择

本研究的研究工具，是根据《3～6岁儿童学习与发展指南》中的语言发展目标以及周兢主编的《学前儿童语言学习与发展核心经验》一书所制定的，具有适宜性、高信度等特点。自编"亲子共读中幼儿语言能力发展观察评估表"，根据量表并通过家庭中亲子共读视频来分析幼儿语言能力的发展特点。主要包括三方面内容：前阅读、前识字和前书写，我们参照该评估表来评价幼儿语言核心经验的发展。此外，我们还编制"亲子共读行为观察记录表""亲子共读指导计划表"进行分析与指导。

课题组成员定期检测目标完成情况（语言核心经验达标情况），与家长沟通反馈，并给予指导建议，发现问题及时解决。我们鼓励参与研究的教师定期写出观察记录、教育笔记及总结论文等，也请家长写出亲子阅读心得体会，将好的经验传递给更多的人，同时要求教师做好资料的积累和分类整理工作，并归类妥善管理，形成园内资源库。

（四）对亲子共读幼儿语言核心经验的影响因素分析

亲子共读、家庭教育与儿童语言能力三者是递进的关系。亲子共读是家庭教育的重要形式之一，良好的家庭教育是儿童语言能力发展最基本、最重要的影响因素。如果把儿童语言能力的提高当作目的，良好的家庭教育环境和有效实施亲子共读则是达到这一目的的最有效的途径和方法。[①]根据问卷调查以及教师访谈，我们分析出了亲子共读对幼儿语言核心经验的影响因素。

幼儿自身因素。首先是不同年龄段幼儿语言能力发展水平各不相同。根据问卷调查，小班阅读时长5～15分钟的幼儿所占比重最多，而中、大班阅读时长15～30分钟的幼儿明显多于小班。小班幼儿可以完整地复述一句话，但对指定句式的表达能力有所欠缺，而中、大班幼儿不仅能复述绘本中的句式，并且可以创编故事情节。其次，幼儿的兴趣也对语言能力发展有一定的影响。每个幼儿的兴趣点不同，喜欢阅读的书目也各不相同，绘本中所蕴藏的词汇、父母陪伴阅读所带来的阅读氛围和亲密情感，对幼儿语言发展有一定的促进作用，因

[①] 胡晓. 亲子共读：儿童语言学习兴趣与能力开发的家庭教育路径 [D]. 长沙：湖南师范大学，2015.

此，幼儿对亲子共读的喜爱程度也是极为重要的。

教育因素。我们发现，教育因素也是影响幼儿语言能力发展的一个因素。首先是语言教育环境的打造。环境对幼儿的教育影响是润物细无声的，营造温馨的、舒适的语言区，幼儿更愿意、更喜欢去阅读。此外，教师指导幼儿阅读绘本的方式方法对幼儿语言的发展也有影响。阅读过程中，教师的良好引导是极为重要的。在个案跟进中，我们发现，同一个班级中的两个幼儿，教师个别指导的幼儿，其语言发展与其他幼儿相比，进步较快，如能更好地捕捉图画与文字之间的关系、能完整地讲述故事情节等。

家庭因素。调查发现，是否提供良好的阅读环境、家长陪伴幼儿的阅读时间和阅读频次，以及亲子共读中家长和幼儿阅读的策略方法都会对幼儿的语言发展造成影响。现阶段，伴随着经济社会的快速发展，家长们忙于工作，尽管其已经陪伴幼儿阅读，但对幼儿的成长来说是远远不够的，并且多数家长表示，阅读方法仅限于幼儿园提供的。

六、研究的主要成果

（一）亲子阅读成效显著

教师们经过语言核心经验的系统学习，将学前儿童语言学习与发展核心经验的相关知识传递给家长，在个案研究以及日常教育教学中渗透，充分与家长配合，形成教育合力，幼儿、家长、教师的绘本阅读知识和语言核心经验获得了显著提升。

1. 家长层面

（1）对语言核心经验的认识更加专业。在整个研究过程中，我们通过多种途径向家长渗透幼儿语言核心经验的相关知识，家长也逐渐了解语言核心经验的内容，理解了语言核心知识在阅读中的重要性，对语言核心经验的解读更加专业。

H：无声的渗透处处彰显教育真理。我在训练孩子编一些自己的字，让她自己创编《开心汤》，并学习一下简单汉字的书写。

（2）亲子共读方法上更有针对性。家长会在共读中有意识地帮助儿童提升语言核心经验。

L：经过老师的几期跟踪和指导，我已经学习领会到一些小技巧和要点，现在在共读中较为从容自信了。阅读《彼得的椅子》这本绘本时，有针对性地提问孩子，同时发现孩子阅读时非常投入，观察能力有了明显的进步，如观察到人物的神情、肤色、居住环境等。

X：对于孩子喜欢的页面，我们会一起表演或画出来，绘本读完后，慢慢鼓励孩子自己复述出来。

（3）家园合作，教师与家长沟通更加顺畅、有共同点。我们不仅向家长传递对语言核心经验的认识，还在过程中跟进亲子共读的状态，指导家长运用合适的共读方法、共读策略，提升亲子共读质量。在此过程中，教师与家长目的一致——为了孩子的发展，因此，家园沟通更加顺畅，家长对教师的专业性更加认可，教师实现自我价值后更加自信。

（4）亲子关系更加亲密。亲子共读是家长与幼儿共读一本书，在阅读过程中用到提问、追问、表演等多种方法，在理解绘本内容的同时，双方有语言、肢体、神态等的互动，家长能够发现幼儿认知能力、语言能力等多方面的发展，共读中亲子关系更加亲密。

L：像《月亮，生日快乐》这样的好绘本，我们将坚持和孩子共读下去，让共读成为家庭的日常活动，多多陪伴孩子，提升亲子关系。

2. 幼儿层面

（1）促进幼儿高阶思维的发展。安德森的《学习、教学和评估的分类学：布卢姆教育目标分类学修订版》将认知目标划分为"知识"和"认知过程"两个维度。"认知过程"维度分为记忆、理解、应用、分析、评价和创造。[1]

---

① 安德森，等. 学习、教学和评估的分类学：布卢姆教育目标分类学修订版［M］. 皮连生，译. 上海：华东师范大学出版社，2008.

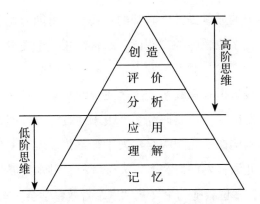

高阶思维不是成人"教"出来的,而是幼儿"探索"出来的。在亲子共读中,我们结合语言核心经验,运用一定的方法和策略把学习的权利还给幼儿,幼儿通过复述故事感知绘本内容,通过创编与仿编分析绘本内容,并将知识迁移去解决生活中的实际问题。我们不再是传统意义上的"教"幼儿阅读,而是把学习知识、掌握技能的过程还给幼儿,通过有效提问,引导幼儿的批判性思维发展;通过鼓励幼儿自主阅读、自我反思,指向幼儿的高阶思维发展。

(2)促进幼儿深度阅读理解的发展。理解是阅读的核心与关键,文本与阅读者之间仅仅是浅层次的联系。我们不仅关注阅读习惯的养成,更加注重幼儿的深度阅读理解。亲子共读过程中,我们有意识地培养幼儿用语言复述故事内容、感知故事主角,并且鼓励幼儿借助图画、书写等表达自己的想法,培养了幼儿独立思考能力的发展。其次,借助多种阅读方法的介入,如表演、仿编等,激发了幼儿对阅读的兴趣,亲子之间有目的地真实共读,展开丰富的讨论,进行批判性思维,促进了幼儿的深度理解与深度学习。

(3)为幼小衔接奠定基础,做好学习准备。我们从小班开始培养幼儿进行自主阅读、喜欢阅读,养成良好的阅读习惯,将语言核心经验在一日生活中进行渗透,并通过专门的语言教育活动、亲子共读指导等,激发幼儿的阅读兴趣,培养良好的阅读习惯,促进幼儿语言核心经验的发展。阅读可以培养幼儿的专注力、独立思考能力,而这些都是进入小学必不可少的"学习力"。因此,亲子共读为幼儿带来的学习素养,为幼儿未来进入小学奠定了良好的基础。

3. 教师层面

参与课题研究的教师在专业素质和业务素质方面均有了不同程度的提高,

首先是教师科研能力的显著提升，教师的观察与分析能力显著提升，将看得到的经验梳理成文本，多位教师的"阅读、语言"相关论文发表在期刊中，如吴琴芳《家庭亲子阅读现状与对策》发表于《教学与研究》、罗惠《畅游绘本，"读"享快乐——浅谈提升家庭亲子阅读质量的对策》发表于《教育家》、潘雪培《幼儿园亲子阅读指导策略研究》发表于《教学方法创新与实践》、梁雪莲《基于绘本教学实例谈幼儿园中绘本教学策略》发表于《教育科学发展》、林彩云《5～6岁幼儿语言发展研究》发表于《教育科学发展》。在论文评选中也获得了很多荣誉，多位教师的论文获"广东省教育学会""学前教育杂志"论文评选一、二、三等奖。钟丹丹等获深圳市宝安区教学管理人员大赛特等奖、一等奖；杨希蓉获宝安区幼儿教师基本功比赛二等奖；获得省学前专业委员会论文奖218人次。其次，教师对语言核心经验的认识更加专业，能够基于语言核心经验创设适宜的班级阅读环境、指导家长运用科学的阅读方法进行共读，提升了教师的自我认同感。

我们致力于打造书香校园，深化内涵发展。课题开展以来，获得"广东省书香校园"、宝安区教育系统"阅读推广工作"先进集体、2020年宝安区十佳最美校园图书角、"深圳市2021年家门口优质园"、2021年宝安区幼儿园阅读区环境创设评比一等奖、宝安区"广东省基础教育县（市、区）教研基地项目"基地园、2022年度宝安区亲子阅读指导实践基地、宝安区幼儿园科学区环境创设指引评比特等奖等集体荣誉共50项。

（二）梳理、细化早期书面语言之前阅读、前识字、前书写核心经验指标

我们借鉴周兢《学前儿童语言学习与发展核心经验》一书，将早期书面语言中前阅读、前识字、前书写经验的学习与发展目标进行梳理，概括出本研究适用的小班、中班、大班关于前阅读、前识字、前书写的具体指标[①]如下：

---

① 周兢.学前儿童语言学习与发展核心经验［M］.南京：南京师范大学出版社，2014.

小班	
前阅读	1.掌握基本的图画书翻阅规则，爱护图书。
	2.在空余时间会积极、主动地选择翻阅图画书，会表达自己是否喜欢所阅读的图画书。
	3.能用口头语言来叙述图画书的内容，可以清晰、准确地指认画面上的物体，描述单个画面上的故事情节。
	4.通过封面的阅读能初步了解图画书中的主角，初步感知主角，并猜想故事的情节。
	5.在成人的提示下会在生活情境中想起图画书中的主角的行为，能够做出与图画书中的主角相应的动作和表情，并进行简单叙述。
前识字	6.在生活中关注常见的符号，意识到特定地方的符号具有意义（如门牌、路牌）。
	7.阅读图画书时关注封面标题（例如：幼儿会用手指点标题）。
	8.知道只有文字是成人可以阅读的，会点数汉字，能读出自己名字中的字。
前书写	9.会以随意的涂鸦和线条"假装"书写。
	10.会模仿成人的书写，借助画图来表达想法。

中班	
前阅读	1.能熟练地翻阅图画书，迅速找到成人提到的页面、页码。
	2.共读中，会主动观察图画书中的主要人物在干什么。
	3.根据对图画书的理解，会产生与主角相应的情绪和相似的行为，表达对图画书中主角的理解和喜好。
	4.能使用丰富的语言较为连贯地叙述图画书中的主要情节，在叙述过程中会较多地使用图画书中的语句。
	5.能在成人的提示下猜想图画书后面的情节，采用图画或图文方式，仿编、续编图画书情节。
	6.会表达自己是否喜欢所阅读的图画书，并说明原因。
前识字	7.开始能找到不同汉字中的一些相同部件，发现象形字的象形特征（如"月"外形像月亮）。
	8.开始能根据成人的朗读点指所看到的文字，猜测文字的意义。
前书写	9.有初步的与纸笔互动的"书写"经验（初步书写是指孩子拿笔和纸随意涂涂画画）。
	10.使用图画、符号、文字等多种形式，创意地表达比较复杂的意思。

大班		
前阅读		1.能熟练地跟随成人的朗读翻阅图画书，认真观察图画书中的画面和文字信息。
		2.会细致观察并理解画面中主角或主要人物的状态，包括动作、表情、姿态等，解释图画书主角或主要人物出现的行为、状态的原因，如情绪、想法等。
		3.了解环衬、扉页在图画书中的作用，熟悉图画书的结构，并做出合理的预期（图画书结构：封面、环衬、扉页、正文、封底）。
		4.较为完整、清晰地复述图画书中的内容。
		5.会对图画书中人物的人格特质进行评价，对图画书所传递的主旨进行初步的思考，表现出对作者意图的认同或质疑，并说出自己的理由。
前识字		6.在阅读图画书时经常关注文字，会假装阅读文字来朗读图画书的内容。
		7.在生活和阅读中积极再认已习得的文字。
		8.会通过一定的线索（语法线索或部件线索）来猜测字词的意义。
前书写		9.积累并能够书写一些简单的汉字字形，书写时能逐步统一字的大小和间隔。
		10.在创意书写中出现利用汉字"同音""形似"等特点进行的书写，能够表达更复杂的内容。

（三）积累、提炼基于语言关键经验发展的亲子共读有效策略

科学、有效的亲子共读指导策略不仅可以提升亲子共读质量，对于幼儿语言核心经验的发展也有很好的促进作用。我们经过多次研讨，根据实践反馈，梳理出了关于前阅读、前识字、前书写核心经验的亲子共读指导策略如下：

前阅读	提问	1.根据阅读目标提问。 2.一次提出一个问题。 3.语言简洁。 4.问题开放。 5.问题类型多样（记忆类、理解类、应用类、分析类、评价类、创造类）。

续　表

			自读	
前阅读	阅读提问的七种反馈策略	1.重复策略。 2.评价策略。 3.解释策略。 4.总结策略。 5.追问策略。 6.纠正策略。 7.挑战式策略。		
	朗读	共读方式	共读	指读（字、图）
				轮流读
				分角色读
		技巧运用	语气、语速、语调、表情、动作、道具、游戏、操作	
	互动	1.引发孩子对故事的期望。 2.示范书的翻阅和使用。 3.帮助孩子建立起故事的必要经验或资讯。 4.引发一些能够延伸孩子对于书本理解的问题。 5.将故事与孩子的经验做联结。 6.回顾故事主题。		
前识字	引导幼儿关注图画书中符号和文字的要素（图画、图示、标识、文字）。			
	带领幼儿在游戏的情境中感受符号和文字。			
	在阅读中利用文字和图画的匹配关系引导儿童对文字的关注。			
前书写	书写与交流	结合绘本内容，让幼儿有意识地通过计划、记录、日记、新闻等方式来表征自己的阅读理解。		
	创意书写与表达	结合绘本内容，引导幼儿通过自创汉字、图画替代（以意代字）、以字替字（以音代字）、固定表征等策略进行创意书写与表达。		

　　基于提升幼儿语言核心经验的亲子共读指导策略研究成果丰富了我园的园本课程，深化了书香校园特色，我们希望此书可以开拓幼儿园亲子共读探索与实践的思路，更加关注领域知识，让幼儿的语言发展获得更好的提升。我们的

水平有限，研究过程有待深入，此书可能存在瑕疵，诚恳地希望得到广大幼教同人、专家的批评指正。

附一

班级幼儿阅读发展指标评价表（小班）

幼儿姓名：＿＿＿＿＿＿　　班级：＿＿＿＿＿＿　　日期：＿＿＿＿＿＿

幼儿姓名	掌握基本的图画书翻阅规则，爱护图书。	在空余时间会积极、主动地选择翻阅图画书，会表达自己是否喜欢所阅读的图画书。	能用口头语言来叙述图画书的内容，可以清晰、准确指认画面上的物体，描述单个画面上的故事情节。	通过封面的阅读能初步了解图画书中的主角，初步感知主角，并猜想故事的情节。	在成人的提示下会在生活情境中想起图画书中主角的行为，能够做出与图画书中主角相应的动作和表情，并进行简单叙述。	在生活中关注常见的符号，意识到特定地方的符号具有意义（如门牌、路牌）。	阅读图画书时关注封面标题（例如：幼儿会用手指点标题）。	知道只有文字是成人可以阅读的，会点数汉字，能读出自己名字中的文字。	会以随意的涂鸦和线条"假装"书写。	会模仿成人的书写，借助画图来表达想法。
	1 2 3 4 5	1 2 3 4 5	1 2 3 4 5	1 2 3 4 5	1 2 3 4 5	1 2 3 4 5	1 2 3 4 5	1 2 3 4 5	1 2 3 4 5	1 2 3 4 5
	1 2 3 4 5	1 2 3 4 5	1 2 3 4 5	1 2 3 4 5	1 2 3 4 5	1 2 3 4 5	1 2 3 4 5	1 2 3 4 5	1 2 3 4 5	1 2 3 4 5
	1 2 3 4 5	1 2 3 4 5	1 2 3 4 5	1 2 3 4 5	1 2 3 4 5	1 2 3 4 5	1 2 3 4 5	1 2 3 4 5	1 2 3 4 5	1 2 3 4 5
	1 2 3 4 5	1 2 3 4 5	1 2 3 4 5	1 2 3 4 5	1 2 3 4 5	1 2 3 4 5	1 2 3 4 5	1 2 3 4 5	1 2 3 4 5	1 2 3 4 5
	1 2 3 4 5	1 2 3 4 5	1 2 3 4 5	1 2 3 4 5	1 2 3 4 5	1 2 3 4 5	1 2 3 4 5	1 2 3 4 5	1 2 3 4 5	1 2 3 4 5
	1 2 3 4 5	1 2 3 4 5	1 2 3 4 5	1 2 3 4 5	1 2 3 4 5	1 2 3 4 5	1 2 3 4 5	1 2 3 4 5	1 2 3 4 5	1 2 3 4 5
总分										

班级幼儿阅读发展指标评价表（中班）

幼儿姓名：_____　　　班级：_____　　　日期：_____

幼儿姓名	能熟练地翻阅图画书，迅速找到成人提到的页面、页码。	共读中，会主动观察图画书中主要人物在干什么。	根据对图画书的理解，会产生与主角相应的情绪和相似的行为，表达对图画书中主角的理解和喜好。	能使用丰富的语言较为连贯地叙述图画书中的主要情节，在叙述过程中会较多地使用图画书中的语句。	能在成人的提示下猜想图画书后面的情节，采用图画或图文的方式，仿编、续编图画书情节。	会表达自己是否喜欢所阅读的图画书，并说明原因。	开始找到同一汉字中的相同的部件，现象发字形象征（如"月"外形像月亮）。	开始能根据成人的朗读点指所看到的文字，猜测文字的意义。	有初步的与纸笔互动的"书写"经验（初步书写是指孩子拿笔和纸随意涂涂画画）。	使用图画、符号、文字等多种形式，创意地表达比较复杂的意思。
	1 2 3 4 5	1 2 3 4 5	1 2 3 4 5	1 2 3 4 5	1 2 3 4 5	1 2 3 4 5	1 2 3 4 5	1 2 3 4 5	1 2 3 4 5	1 2 3 4 5
	1 2 3 4 5	1 2 3 4 5	1 2 3 4 5	1 2 3 4 5	1 2 3 4 5	1 2 3 4 5	1 2 3 4 5	1 2 3 4 5	1 2 3 4 5	1 2 3 4 5
	1 2 3 4 5	1 2 3 4 5	1 2 3 4 5	1 2 3 4 5	1 2 3 4 5	1 2 3 4 5	1 2 3 4 5	1 2 3 4 5	1 2 3 4 5	1 2 3 4 5
	1 2 3 4 5	1 2 3 4 5	1 2 3 4 5	1 2 3 4 5	1 2 3 4 5	1 2 3 4 5	1 2 3 4 5	1 2 3 4 5	1 2 3 4 5	1 2 3 4 5
	1 2 3 4 5	1 2 3 4 5	1 2 3 4 5	1 2 3 4 5	1 2 3 4 5	1 2 3 4 5	1 2 3 4 5	1 2 3 4 5	1 2 3 4 5	1 2 3 4 5
	1 2 3 4 5	1 2 3 4 5	1 2 3 4 5	1 2 3 4 5	1 2 3 4 5	1 2 3 4 5	1 2 3 4 5	1 2 3 4 5	1 2 3 4 5	1 2 3 4 5
总分										

班级幼儿阅读发展指标评价表（大班）

幼儿姓名：_____　　班级：_____　　日期：_____

幼儿姓名	能熟练地跟随成人的朗读翻阅图画书，认真观察图画书的画面和文字信息。	会致细观察并理解画面中主角或主要人物的状态，包括动作、表情、姿态等，解释图画书主角或主要人物出现的行为、状态的原因。	了解环衬、扉页在图画书中的作用，熟悉图画书的结构，并做出合理的预期（封面、环衬、扉页、正文、封底）。	较为完整、清晰地复述图画书内容。	会对图画书中人物的人格特质进行评价，对图画书所传递的主旨进行思考，表现出对作者意图的认同或质疑，并说出自己的理由。	在阅读图画书时经常关注文字，会假装阅读文字来朗读图画书内容。	在生活和阅读中积极再认识已习得的文字。	会通过一定的线索（语法线索或部件线索）来猜测字词的含义。	积累并能够书写一些简单的汉字字形，书写时能逐步统一字的大小和间隔。	在创意书写中出现利用汉字"同音""形似"等特点进行的书写，能够表达更复杂的内容。
	1 2 3 4 5	1 2 3 4 5	1 2 3 4 5	1 2 3 4 5	1 2 3 4 5	1 2 3 4 5	1 2 3 4 5	1 2 3 4 5	1 2 3 4 5	1 2 3 4 5
	1 2 3 4 5	1 2 3 4 5	1 2 3 4 5	1 2 3 4 5	1 2 3 4 5	1 2 3 4 5	1 2 3 4 5	1 2 3 4 5	1 2 3 4 5	1 2 3 4 5
	1 2 3 4 5	1 2 3 4 5	1 2 3 4 5	1 2 3 4 5	1 2 3 4 5	1 2 3 4 5	1 2 3 4 5	1 2 3 4 5	1 2 3 4 5	1 2 3 4 5
	1 2 3 4 5	1 2 3 4 5	1 2 3 4 5	1 2 3 4 5	1 2 3 4 5	1 2 3 4 5	1 2 3 4 5	1 2 3 4 5	1 2 3 4 5	1 2 3 4 5
	1 2 3 4 5	1 2 3 4 5	1 2 3 4 5	1 2 3 4 5	1 2 3 4 5	1 2 3 4 5	1 2 3 4 5	1 2 3 4 5	1 2 3 4 5	1 2 3 4 5
	1 2 3 4 5	1 2 3 4 5	1 2 3 4 5	1 2 3 4 5	1 2 3 4 5	1 2 3 4 5	1 2 3 4 5	1 2 3 4 5	1 2 3 4 5	1 2 3 4 5
总分										

附(二)

一、幼儿亲子共读现状调查问卷——小班

第一部分　基本情况

1. 孩子姓名：

2. 孩子性别：男　　女

3. 孩子班别：小一班　小二班　小三班　小四班　小五班　小六班

4. 您孩子就读的园区是（　　　）。

A. 坪洲园

B. 湾美园

C. 海城园

D. 创业一村园

5. 您孩子是独生子女吗？（　　　）

A. 独生子女

B. 非独生子女

6. 您是孩子的（　　　）。

A. 爸爸

B. 妈妈

C. 爷爷

D. 奶奶

E. 外公

F. 外婆

G. 其他

7. 您的学历是（　　　）。

A. 初中及以下

B. 高中或中专

C. 大专

D. 本科

E. 研究生及以上

8. 您的职业是（　　　）。

A. 国家机关、党群组织、企业、事业单位负责人

B. 专业技术人员；第三大类：办事人员和有关人员

C. 商业、服务业人员

D. 农、林、牧、渔、水利业生产人员

E. 生产、运输设备操作人员及有关人员

F. 军人

G. 不便分类的其他从业人员

第二部分　亲子阅读行为习惯

9. 您与孩子一起阅读的频率是（　　　）。

A. 每天一次

B. 一周3~4次

C. 一周一次或以下

10. 您与孩子每次共读持续的时间一般是（　　　）。

A. 5分钟

B. 5~15分钟

C. 15~30分钟

D. 30分钟~1小时

E. 1小时以上

11. 您与孩子之间的共读活动常常是由谁发起的？（　　　）

A. 家长

B. 孩子

C. 两者都有，分不清谁多谁少

12. 您是否要求孩子复述故事、读字给您听？（　　　）

A. 经常

B. 偶尔

C. 不会

13. 您认为孩子读懂故事的标志是（　　　）。

A. 能够复述出故事内容

B. 会读绘本中的字

C. 能够提问绘本中的内容

D. 其他

14. 您和孩子结束阅读的情形通常是（　　　）。

A. 孩子主动要求结束阅读

B. 父母按计划时间，到时间就结束阅读

C. 父母和孩子一起商量决定结束时间

D. 读完书后自然结束阅读

15. 我陪孩子阅读是想让他早点识字，为上学做准备。（　　　）

A. 完全不符合

B. 不太符合

C. 比较符合

D. 完全符合

第三部分　亲子阅读策略与方法

16. 您对亲子共读的指导策略主要来自（　　　）。

A. 幼儿园的指导

B. 电视、图书、网络等大众传媒的介绍

C. 自己的摸索

D. 其他家长的经验

17. 一般情况下您会阅读绘本封面吗？（　　　）

A. 什么都不读，直接读正文

B. 只读书名

C. 读书名和作者

D. 书名、作者和出版社全读

18. 您会就绘本封面进行提问吗？（　　　）

A. 经常

B. 偶尔

C. 不会

19. 您会对故事的情节展开提问吗？（   ）

A. 经常

B. 偶尔

C. 不会

20. 在绘本阅读结束后您会就绘本的内容展开提问吗？（   ）

A. 什么都不问，直接结束

B. 会问一问该绘本的大概内容

C. 会让孩子创编新故事

21. 你会鼓励幼儿用自己的方式表达表现吗？如故事复述、搭建、游戏延伸等。（   ）

A. 每次

B. 经常

C. 偶尔

D. 从不

22. 在孩子回答问题之后，您会有一定的评价吗？（   ）

A. 没有评价，继续阅读

B. 有评价，评价语比较单一（很好、很棒、厉害）

C. 针对孩子的回答进行评价（观察得很仔细；你的想法真不错；你说得很完整）

23. 您和孩子阅读图画书（绘本）的过程中，具体的指导方法为（   ）。（多选）

A. 图读法（边讲故事边指图画）

B. 点读法（边讲故事边指汉字）

C. 诵读法（把故事连贯讲完，尽量不让孩子打断）

D. 跟读法（自己讲一句，让孩子跟着讲一句）

E. 陪读法（让孩子自主阅读，孩子有问题时再给予帮助）

F. 其他

24. 在家庭亲子阅读中，您常使用哪些技巧？（   ）（多选）

① 在活动中，我经常改变语气、语速，用生动的语调引起孩子的注意

②模仿故事情节，与孩子分角色扮演，体验情感迁移

③就书中的内容及时提问

④根据阅读内容与孩子玩游戏

⑤阅读时，联系孩子的生活经验讨论书中的内容

⑥经常随机表扬、鼓励孩子

⑦经常要求孩子复述

⑧鼓励孩子尝试创编故事

第四部分 关于早期书面语言

25. 以下是关于学前儿童早期书面语言的题项，请选择最符合您孩子情况的选项。

问题	完全不符合	不太符合	不清楚	比较符合	完全符合
知道如何拿书，掌握基本的图画书翻阅规则（知道从书页右下角一页一页翻阅）。	1	2	3	4	5
愿意与成人一起阅读图画书，在空余时间会积极、主动地选择翻阅图画书。	1	2	3	4	5
不撕书、不乱扔书。	1	2	3	4	5
在阅读的过程中，可以清晰、准确地指认画面上的物体，描述单个画面上的故事情节（某一页或某个情节）。	1	2	3	4	5
通过封面的阅读能初步了解图画书中的主角，初步感知主角的动作和表情（例如：知道主角的表情是开心、难过等）。	1	2	3	4	5
通过对封面的阅读，能猜测出图画书中的主角或主要人物，并猜想故事的情节。	1	2	3	4	5
在成人的提示下能够做出与图画书主角相应的动作和表情（初步模仿肢体动作和表情等）。	1	2	3	4	5
能用口头语言来叙述图画书的内容，但所叙述的内容情节性不强，缺乏逻辑性，不同画面之间未能形成联系。	1	2	3	.5	
在成人的提示下，会在生活情境中想起图画书中主角的行为，并进行简单叙述，但还不能用图画书中主角的行为来调节自己的行为。	1	2	3	4	5

续　表

问题	完全不符合	不太符合	不清楚	比较符合	完全符合
在阅读完一本图画书之后，会表达自己是否喜欢所阅读的图画书。	1	2	3	4	5
在生活中关注常见的符号（交通、生活、广告等符号）。	1	2	3	4	5
意识到特定地方的符号具有意义（如门牌、路牌）。	1	2	3	4	5
阅读图画书时关注封面标题（例如：幼儿会用手指点标题）。	1	2	3	4	5
幼儿面对线条画、图示、无意义字母和文字的时候，知道只有文字是成人可以阅读的。	1	2	3	4	5
知道文字之间有间隔，会点数汉字。	1	2	3	4	5
能读出自己名字中的文字，并能初步辨认周围环境中的符号和文字。	1	2	3	4	5
会以随意的涂鸦和线条"假装"书写。	1	2	3	4	5
感知汉字方块字的特点，并区别于图画。	1	2	3	4	5
会模仿成人的书写，借助画图来表达想法。	1	2	3	4	5
用同音字代替不会写的字，如："衣生"代替"医生"。	1	2	3	4	5

二、幼儿亲子共读现状调查问卷——中班

第一部分　基本情况

1. 孩子姓名：

2. 孩子性别：男　　女

3. 孩子班别：中一班　中二班　中三班　中四班　中五班　中六班

4. 您孩子就读的园区是（　　　　）。

A. 坪洲园

B. 湾美园

C. 海城园

D. 创业一村园

5. 您孩子是独生子女吗?(　　　)

A. 独生子女

B. 非独生子女

6. 您是孩子的(　　　)。

A. 爸爸

B. 妈妈

C. 爷爷

D. 奶奶

E. 外公

F. 外婆

G. 其他

7. 您的学历是(　　　)。

A. 初中及以下

B. 高中或中专

C. 大专

D. 本科

E. 研究生及以上

8. 您的职业是(　　　)。

A. 国家机关、党群组织、企业、事业单位负责人

B. 专业技术人员;第三大类:办事人员和有关人员

C. 商业、服务业人员

D. 农、林、牧、渔、水利业生产人员

E. 生产、运输设备操作人员及有关人员

F. 军人

G. 不便分类的其他从业人员;

第二部分　亲子阅读行为习惯

9. 您与孩子一起阅读的频率是(　　　)。

A. 每天1次

B. 一周3～4次

C. 一周1次或以下

10. 您与孩子每次共读持续的时间一般是（　　　）。

A. 5分钟

B. 5~15分钟

C. 15~30分钟

D. 30 分钟~1小时

E. 1 小时以上

11. 您与孩子之间的共读活动常常是由谁发起的？（　　　）

A. 家长

B. 孩子

C. 两者都有，分不清谁多谁少

12. 您是否要求孩子复述故事、读字您你听？（　　　）

A. 经常

B. 偶尔

C. 不会

13. 您认为孩子读懂故事的标志是（　　　）。

A. 能够复述出故事内容

B. 会读绘本中的字

C. 能够提问绘本中的内容

D. 其他

14. 您和孩子结束阅读的情形通常是（　　　）。

A. 孩子主动要求结束阅读

B. 父母按计划时间，到时间就结束阅读

C. 父母和孩子一起商量决定结束时间

D. 读完书后自然结束阅读

15. 我陪孩子阅读是想让他早点识字，为上学做准备。（　　　）

A. 完全不符合

B. 不太符合

C. 比较符合

D. 完全符合

第三部分 亲子阅读策略与方法

16. 您对亲子共读的指导策略主要来自（　　　）。

A. 幼儿园的指导

B. 电视、图书、网络等大众传媒的介绍

C. 自己的摸索

D. 其他家长的经验

17. 一般情况下您会阅读绘本封面吗？（　　　）

A. 什么都不读，直接读正文

B. 只读书名

C. 读书名和作者

D. 书名、作者和出版社全读

18. 您会就绘本封面进行提问吗？（　　　）

A. 经常

B. 偶尔

C. 不会

19. 您会对故事的情节展开提问吗？（　　　）

A. 经常

B. 偶尔

C. 不会

20. 在绘本阅读结束后您会就绘本的内容展开提问吗？（　　　）

A. 什么都不问，直接结束

B. 会问一问该绘本的大概内容

C. 会让孩子创编新故事

21. 你会鼓励幼儿用自己的方式表达表现吗？如故事复述、搭建、游戏延伸等。（　　　）

A. 每次

B. 经常

C. 偶尔

D. 从不

22. 在孩子回答问题之后，您会有一定的评价吗？（　　）

A. 没有评价，继续阅读

B. 有评价，评价语比较单一（很好、很棒、厉害）

C. 针对孩子的回答进行评价（观察得很仔细；你的想法真不错；你说得很完整）

23. 您和孩子阅读图画书（绘本）的过程中，具体的指导方法为（　　）。（多选）

A. 图读法（边讲故事边指图画）

B. 点读法（边讲故事边指汉字）

C. 诵读法（把故事连贯讲完，尽量不让孩子打断）

D. 跟读法（自己讲一句，让孩子跟着讲一句）

E. 陪读法（让孩子自主阅读，孩子有问题时再给予帮助）

F. 其他

24. 在家庭亲子阅读中，您常使用哪些技巧？（　　）（多选）

① 在活动中，我经常改变语气、语速，用生动的语调引起孩子的注意

② 模仿故事情节，与孩子分角色扮演，体验情感迁移

③ 就书中的内容及时提问

④ 根据阅读内容与孩子玩游戏

⑤ 阅读时，联系孩子的生活经验讨论书中的内容

⑥ 经常随机表扬、鼓励孩子

⑦ 经常要求孩子复述

⑧ 鼓励孩子尝试创编故事

第四部分　关于早期书面语言

25. 以下是关于学前儿童早期书面语言的题项，请选择最符合您孩子情况的选项。

问题	完全不符合	不太符合	不清楚	比较符合	完全符合
知道图画书的书名，能指出故事开始和结束的页面。	1	2	3	4	5
可以熟练地按照阅读规则翻阅图画书，能迅速找到成人提到的页面，阅读时指认图画书中的物体（能一页一页翻书，并能指认出页码）。	1	2	3	4	5
经常翻阅自己喜欢或与成人共同读过的图画书，并能专注地阅读（如：阅读时长、注意力集中情况）。	1	2	3	4	5
会主动观察图画书中主角或主要人物的动作以及行动路径和方向，了解主角在干什么。	1	2	3	4	5
能描述单个画面上较为丰富的情节，并能将前后画面的故事情节串联起来（例如描述画面重点、细节，加入自己的感受）。	1	2	3	4	5
能较准确地理解图画书中的关键词（如：书中反复出现的词汇，与主题相关的词汇、形容词、动词、关联句式等）。	1	2	3	4	5
在阅读中，能在成人的提示下猜想图画书后面的情节。如会通过观察图画书中主角或主要人物的动作、表情、姿态来验证文字所传递的信息或自己的猜想。	1	2	3	4	5
根据对图画书的理解，会产生与主角或主要人物相应的情绪，表现出移情性的反应。	1	2	3	4	5
能较为连贯地叙述所阅读图画书的主要情节，在叙述过程中会较多地使用图画书中的语句。	1	2	3	4	5
会在阅读后做出与图画书中主角或主要人物相似的行为。	1	2	3	4	5
会结合自己的生活经验和兴趣，采用图画或图文方式，仿编、续编图画书的情节。	1	2	3	4	5
在阅读完一本图画书之后，会表达自己是否喜欢所阅读的图画书，并能初步说明原因，还会表达自己对图画书中主角或主要人物特征的理解和喜好。	1	2	3	4	5

问题	完全不符合	不太符合	不清楚	比较符合	完全符合
知道成人读图画书的时候读的是文字。	1	2	3	4	5
知道图画书中的文字能表达图画意思，例如知道封面上的文字是故事的名字。	1	2	3	4	5
知道不同地方的标识表达的是不同的意义。	1	2	3	4	5
知道符合汉字形式的字才是成人可以阅读的字。	1	2	3	4	5
开始能找到不同汉字中的一些相同部件。	1	2	3	4	5
发现象形字的象形特征（如"月"外形像月亮）。	1	2	3	4	5
假装阅读文字时，表现出从左到右、从上到下的阅读方式。	1	2	3	4	5
开始能根据成人的朗读点指所看到的文字。	1	2	3	4	5
能根据情境线索、图画书中的画面猜测文字的意义。	1	2	3	4	5
有初步的与纸笔互动的"书写"经验（初步书写是指孩子拿笔和纸随意涂涂画画）。	1	2	3	4	5
发现汉字"一字一音"的特点。	1	2	3	4	5
使用图画、符号、文字等多种形式，创意地表达比较复杂的意思。	1	2	3	4	5

三、幼儿亲子共读现状调查问卷——大班

第一部分　基本情况

1. 孩子姓名：

2. 孩子性别：男　　女

3. 孩子班别：大一班　大二班　大三班　大四班　大五班　大六班

4. 您孩子就读的园区是（　　）。

A. 坪洲园

B. 湾美园

C. 海城园

D. 创业一村园

5. 您孩子是独生子女吗？（　　　）

A. 独生子女

B. 非独生子女

6. 您是孩子的（　　　）。

A. 爸爸

B. 妈妈

C. 爷爷

D. 奶奶

E. 外公

F. 外婆

G. 其他

7. 您的学历是（　　　）。

A. 初中及以下

B. 高中或中专

C. 大专

D. 本科

E. 研究生及以上

8. 您的职业是（　　　）。

A. 国家机关、党群组织、企业、事业单位负责人

B. 专业技术人员；第三大类：办事人员和有关人员

C. 商业、服务业人员

D. 农、林、牧、渔、水利业生产人员

E. 生产、运输设备操作人员及有关人员

F. 军人

G. 不便分类的其他从业人员

第二部分　亲子阅读行为习惯

9. 您与孩子一起阅读的频率是（　　　）。

A. 每天1次

B. 一周3~4次

C. 一周1次或以下

10. 您与孩子每次共读持续的时间一般是（　　　）。

A. 5分钟

B. 5～15分钟

C. 15～30分钟

D. 30分钟～1小时

E. 1小时以上

11. 您与孩子之间的共读活动常常是由谁发起的？（　　　）

A. 家长

B. 孩子

C. 两者都有，分不清谁多谁少

12. 您是否要求孩子复述故事、读字给您听？（　　　）

A. 经常

B. 偶尔

C. 不会

13. 您认为孩子读懂故事的标志是（　　　）。

A. 能够复述出故事内容

B. 会读绘本中的字

C. 能够提问绘本中的内容

D. 其他

14. 您和孩子结束阅读的情形通常是（　　　）。

A. 孩子主动要求结束阅读

B. 父母按计划时间，到时间就结束阅读

C. 父母和孩子一起商量决定结束时间

D. 读完书后自然结束阅读

15. 我陪孩子阅读是想让他早点识字，为上学做准备。（　　　）

A. 完全不符合

B. 不太符合

C. 比较符合

D. 完全符合

第三部分 亲子阅读策略与方法

16. 您对亲子共读的指导策略主要来自（　　　）。

A. 幼儿园的指导

B. 电视、图书、网络等大众传媒的介绍

C. 自己的摸索

D. 其他家长的经验

17. 一般情况下您会阅读绘本封面吗？（　　　）

A. 什么都不读，直接读正文

B. 只读书名

C. 读书名和作者

D. 书名、作者和出版社全读

18. 您会就绘本封面进行提问吗？（　　　）

A. 经常

B. 偶尔

C. 不会

19. 您会对故事的情节展开提问吗？（　　　）

A. 经常

B. 偶尔

C. 不会

20. 在绘本阅读结束后您会就绘本的内容展开提问吗？（　　　）

A. 什么都不问，直接结束

B. 会问一问该绘本的大概内容

C. 会让孩子创编新故事

21. 你会鼓励幼儿用自己的方式表达表现吗？如故事复述、搭建、游戏延伸等。（　　　）

A. 每次

B. 经常

C. 偶尔

D. 从不

22. 在孩子回答问题之后，您会有一定的评价吗？（　　　）

A. 没有评价，继续阅读

B. 有评价，评价语比较单一（很好、很棒、厉害）

C. 针对孩子的回答进行评价（观察得很仔细；你的想法真不错；你说得很完整）

23. 您和孩子阅读图画书（绘本）的过程中，具体的指导方法为（　　　）。（多选）

A. 图读法（边讲故事边指图画）

B. 点读法（边讲故事边指汉字）

C. 诵读法（把故事连贯讲完，尽量不让孩子打断）

D. 跟读法（自己讲一句，让孩子跟着讲一句）

E. 陪读法（让孩子自主阅读，孩子有问题给予帮助）

F. 其他

24. 在家庭亲子阅读中，您常使用哪些技巧？（　　　）（多选）

① 在活动中，我经常改变语气、语速，用生动的语调引起孩子的注意

② 模仿故事情节，与孩子分角色扮演，体验情感迁移

③ 就书中的内容及时提问

④ 根据阅读内容与孩子玩游戏

⑤ 阅读时，联系孩子的生活经验讨论书中的内容

⑥ 经常随机表扬、鼓励孩子

⑦ 经常要求孩子复述

⑧ 鼓励孩子尝试创编故事

第四部分　关于早期书面语言

25. 以下是关于学前儿童早期书面语言的题项，请选择最符合您孩子情况的选项。

问题	完全不符合	不太符合	不清楚	比较符合	完全符合
熟悉图画书的结构，了解环衬、扉页在图画书中的作用。	1	2	3	4	5
能熟练地跟随成人的朗读翻阅图画书，认真观察图画书的画面和文字信息。	1	2	3	4	5
喜欢阅读不同类型、题材的图画书，养成每天阅读的习惯，并能较长时间专注地阅读。	1	2	3	4	5
具有初步独立阅读的能力，愿意跟别人分享图画书。	1	2	3	4	5
会细致地观察画面中主角或主要人物的状态，包括动作、表情、姿态等，能理解主角的心理状态，如情绪、想法等。	1	2	3	4	5
能有意识地观察画面中的细节，并将细节与主要情节联系起来，通过对图画书画面布局、构图、视角、笔触、色彩等的感知进一步理解图画书内容。	1	2	3	4	5
在阅读过程中，能根据图画书的结构做出合理的预期（图画书结构：封面、环衬、扉页、正文、封底）。	1	2	3	4	5
能准确地解释图画书主角或主要人物出现的行为、状态的原因。	1	2	3	4	5
较为完整、清晰地使用图画书中的词语、语句叙述图画书内容。	1	2	3	4	5
在阅读完图画书之后，会对图画书中人物的特征进行评价，对主要人物的人格特质、道德品质进行判断，并说出自己的理由。	1	2	3	4	5
会对图画书所传递的主旨和含义进行初步的思考，表现出对作者意图的认同或质疑，并说明理由。	1	2	3	4	5
在生活中看到特定的符号或文字时，会问成人该符号或文字表示什么意义。	1	2	3	4	5
在阅读图画书时，会假装阅读文字来朗读图画书内容。	1	2	3	4	5
在图画书阅读中经常关注文字。	1	2	3	4	5
关注到同一个汉字有多种表现形式。	1	2	3	4	5

问题	完全不符合	不太符合	不清楚	比较符合	完全符合
开始关注汉字中的部件，能够找出不同汉字之间相同的部件。	1	2	3	4	5
在生活和阅读中积极再认已习得的文字。	1	2	3	4	5
会通过一定的线索（语法线索或部件线索）来猜测字词的含义。	1	2	3	4	5
积累并能够书写一些简单的汉字字形。	1	2	3	4	5
理解汉字之间的间隔，书写时能逐步统一字的大小。	1	2	3	4	5
在创意书写中出现利用汉字"同音""形似"等特点进行的书写，能够表达更复杂的内容。	1	2	3	4	5

亲子共读之对话式阅读策略

谭洁芳

在这次亲子共读的课题里，通过多次的学习、对亲子共读情况的观察以及与家长的沟通反馈，我认识到亲子共读里的互动不仅可以提升亲子关系，还能培养幼儿的阅读兴趣和习惯。

在亲子共读中，家长要以幼儿为中心，让幼儿主动投入阅读，做亲子共读的"小主人"。在阅读绘本时，先让幼儿观察画面，而后通过多种提问方式让幼儿来表达自己的看法。例如，分析类提问："画面上有什么？你觉得他们在干什么？"让幼儿从简单的图画中去猜想、分析角色；应用类提问："如果你的好朋友是小熊，它把你的东西弄丢了，你会说什么？"在幼儿回答问题后，家长要及时对幼儿的回答进行评价，当孩子回答正确时，及时给予回应，并用描述性表扬予以鼓励，例如个案中家长问："如果你的好朋友把你的帽子弄丢了，你会怎么说？"孩子说："如果飞飞把我的帽子弄丢了，我会跟他说'没关系，我还是一样爱你'。"妈妈表扬孩子："你跟小熊一样都是很善良的孩子。"当孩子回答错误时，要特别注意避免直接挑错纠错，可以用问题来引导幼儿进一步思考，给孩子多几次机会去尝试，或者直接说出正确的句子，例如个案中家长问："这个回声有没有听到过？在哪里听到的？"孩子说："我在外面说'嗨安安'，那边回'嗨嗯嗯'。"家长告诉孩子："那不是回声，回声是你在外婆家那个铁路的桥洞里面发出了一个声音，那个桥洞也会回你一个声音。"而在阅读结束后，家长可以带领幼儿回顾故事内容与主题，让幼儿表达对于绘本的想法。

家长与孩子的互动式阅读，让孩子"眼动、脑动、手动"，把单向的阅读变成一个亲子互动交流的活动。

家园沟通提升亲子共读效益

黎桂兴

　　亲子共读是父母和幼儿共同参加阅读，父母除在读书时对孩子有加以引导的作用之外，还蕴含着用共读的方式对孩子的阅读加以点拨与引导的教育作用，它强调着这种亲子间交流互动的阅读形式，它的应用可以增强幼儿教育的作用，培养幼儿阅读兴趣，培养幼儿的语言表达意识，拓宽幼儿的视野，从而有效地促进幼儿的全面成长。因此，教师成为联系学校与家庭的主要纽带，在亲子共读策略引导上要做好与家庭的交流，发挥亲子共读的功能，促使孩子身心健康、良好地成长。

　　我班个案家长是一名绘本阅读指导师，对于与孩子的共读，她有着自己的见解与方法。根据多次的观察视频与沟通，我发现家长已经意识到绘本结构的重要性，在亲子共读中注重引导幼儿观察封面、封底、环衬与扉页的信息，甚至能关注到绘本画面颜色与故事情节发展、主人公情绪情感变化的关系，进一步引导幼儿注意观察画面的细节。在共读的过程中，她将古诗词、现实事件、生活经历融入互动中，引发幼儿的思考与想象，这些都是家长带给我的激发与促进，也提高了我的知识面与专业性。但在此个案研究课题中，我更应该结合自身的专业知识，洞察与发现家长、幼儿在共读中存在的不足，加强与家长的沟通，输出中肯及行之有效的指导策略，促进其亲子共读的效果。

一、沟通共读中家长角色的转变

　　我班家长在之前的共读中常用的方式是指读，一边指认绘本中的文字一边朗读，随后由孩子自行朗读，家长在朗读后进行解释与提问，扮演"导航"的角色引领孩子进行阅读。此后，我和家长沟通，鼓励家长转换角色，在共读中将更多的主动权、主体权交予幼儿，做激发幼儿阅读兴趣的支持者。通过父母与幼儿的共同协商、彼此协调，将表达、分享的机会充分留给幼儿。我建议家长鼓励幼儿用自己的语言讲述绘本；肯定幼儿在共读中的想法与发现，如："你这样理解很有意思、很到位、很特别……再继续阅读，你一定会有更意想不到的收获""你观察得真细致，妈妈都没有发现这个细节"。鼓励幼儿积极表达，既能让幼儿体会到自己的表现，又能朝着更深入、全面的方向前进。

二、沟通共读中指导策略的运用

此前我班家长在共读中常用的策略是提问与解释，但问题大多数是比较封闭的：是不是？对不对？……再者是用现实事件、生活经验结合绘本进行详略得当的解释。亲子共读策略的丰富运用不仅能持续激发幼儿阅读兴趣，还能促进其深入、持续地阅读，因此我与家长普及多种共读策略，并鼓励其尝试运用到共读中。

第一种：多种类型的提问方式。我先告诉家长提问的方式并且给予具体的解释，再结合绘本内容举例子帮助家长理解，如，在《迟到大王》的结尾，老师被一只大猩猩抓住了，老师希望小男孩儿能解救他，可是小男孩儿却没有救老师，在这里可以运用分析创造性的提问："你觉得小男孩为什么没有救老师？假如你是那个小男孩儿，你会怎么做？"

第二种：生动的朗读技巧。根据绘本的情节与内容，灵活调整朗读语音、语调、语气吸引幼儿。如：《风到哪里去了》讲述的是小男孩儿结束快乐的一天在睡觉前向妈妈提出各种问题，妈妈循序渐进地告诉孩子道理。在这个温馨背景基调下，我建议家长用温和、唯美的语气讲述故事。

在《孩子的权利》中，建议家长用庄重严肃的语气，配合宣誓动作朗读文字："我有权拥有一个名字；我有权拥有一个家；我有权……"

第三种：多样的朗读方式。除了以家长为主的指读方式外，我建议家长可以采取轮流读、分角色读的方式。例如《迟到大王》中的主要角色是小男孩儿和老师，家长和幼儿可以进行角色扮演阅读；《孩子的权利》中，家长和幼儿可以轮流宣读一则权利内容等。多样的朗读方式能丰富共读的趣味性与积极情感体验。

父母是孩子成长路上的首任重要教师，教师要积极搭建好家长与幼儿园教育的桥梁，支持与输出行之有效的方法与策略，与家长、幼儿一起在浓郁的书香中成长进步，在沟通交流中提升亲子共读效益。

亲子阅读，从"读"到"写"

张燕萍

《幼儿园教育指导纲要（试行）》中明确指出，要"培养幼儿对生活中常见的简单标记和文字符号的兴趣""引发幼儿对书籍、阅读和书写的兴趣，培养前阅读和前书写技能"。《3～6岁儿童学习与发展指南》也指出，幼儿在语言领域目标中须具有书面表达的愿望和初步技能。

目前，家长对幼儿前书写方式缺乏正确的了解，因此存在着许多的误区。误区一：认为书写就是教幼儿练习拼音、汉字，机械地学习写字。误区二：认为学前年龄段的幼儿不具备书写能力，只需要注重认读能力的培养。误区三：认为幼儿在6岁之前不能进行书写能力的培养，会影响骨骼的发育。

事实上，前书写并不是重复地机械练习写字，而是幼儿根据自己的意愿通过写写画画的方式表现事物或者故事；正确的握笔姿势以及使用合适的书写工具并不会影响幼儿骨骼的发育。而且做好幼儿前书写的准备，有助于引发幼儿对书写的兴趣，丰富幼儿的书写经验，从而为幼儿后期的书写打下基础。

从我班的亲子共读案例中，我观察到，家长在阅读中重视幼儿的"前阅读"能力的提升，而忽视了幼儿的"前书写"能力，因此，当幼儿在共读中能够完整地讲述故事内容时，我和家长提及了"前书写"，以下是幼儿写的日记，可以观察到幼儿通过画画、文字来描述和表达故事。

对于大班的幼儿，我们可以引入一些前书写游戏，既可以为幼儿后期的书写打下基础，也不会枯燥乏味，影响幼儿对书写的兴趣。大班第二学期的幼儿处于幼小衔接的关键期，可以利用涂鸦、绘本、游戏等方式锻炼幼儿的前书写能力。针对本班情况，我们在数学区投放了控笔练习单，准备好画有许多虚线和小点的纸，请幼儿将这些点连起来。幼儿在练习初期对线条的把握并不精准，而是随意连接，教师会逐步对幼儿渗透一些书写规则，对线条的流畅性有一定的要求。其次，在语言区也投放了一些"拼字""描画"等游戏，如多米诺骨牌，让幼儿通过游戏的方式感受文字的组成和书写，让幼儿在有趣的描描写写的游戏中，丰富相关的书写知识，同时，进一步提高了幼儿的注意力及手眼协调能力。

幼儿园书写教育不求多但求精，我们在幼儿园不强制幼儿会写字，也不会给幼儿布置写字的相关任务，因为一旦开始教幼儿写字，就要特别重视字的规范化，包括文字的笔画、笔顺等，这是一个长期的教学活动，如果没有系统的、规范的教学，反而会适得其反。因此，在幼儿园可以通过游戏的方式引导幼儿坚持练习书写，练习中对幼儿的要求切忌太高，应本着从大到小、从简到繁的宗旨进行练习。在亲子共读中，家长也可以与幼儿讨论绘本中重复出现的词语或者重点词汇，比如《爷爷一定有办法》中的"缝进缝出""咔嚓咔嚓"，通过观察词语中的偏旁联想到自己所知道的词汇。

亲子共读活动的开展，营造了良好的学习氛围，提高了幼儿读书的兴趣，实现家长与幼儿共同阅读与学习、阅读与生活、阅读与成长的融合。此次活动幼儿、老师以及家长都获益匪浅。书是一颗小小的种子，当父母把它种在孩子的心田，再用耐心去浇灌，小小的种子就会爆发出勃勃生机，长成参天大树，启迪心灵，滋养智慧。

亲子阅读中互动式提问的指导策略

崔冬媚

《3～6岁儿童学习与发展指南》中指出，成人应为幼儿提供丰富、适宜的低幼读物，经常和幼儿一起看图书、讲故事，丰富其语言表达能力，培养阅读兴趣和良好的阅读习惯。通过资料的搜集，我了解到，我国学者周兢在对"3～6岁汉语儿童语用交流行为发展"的研究中，将家长的阅读互动类型分为了三种，平行式的亲子阅读、偏离式的亲子阅读和合作式的亲子阅读。

通过视频观察思如和妈妈在亲子阅读中的表现，我发现，思如与妈妈的阅读互动属于偏离式的亲子阅读。思如妈妈在亲子共读中有与思如进行互动的意识，但有时妈妈对于绘本的"联想"会比较丰富，容易出现思维跳跃，导致她的提问会跳出绘本内容。很多时候家长的"跳跃"提问并不能帮助幼儿了解绘本的内容，甚至还会打断幼儿正常理解故事脉络的思路，导致整个阅读过程变得碎片化。

那在日常与幼儿的共读中，家长应该如何和孩子进行有效互动和提问，并在提问中提升幼儿的阅读兴趣呢？

一、阅读中主动和幼儿讨论书中的角色，引导幼儿观察绘本画面的细节

在与幼儿共读的过程中，家长可以根据绘本内容与幼儿讨论绘本中的角色，当思如在扉页看到三只猴子时，妈妈会引导思如认真观察三只猴子的不同，并能辨别猜测猴子的年龄。在阅读的过程中给予幼儿时间观察绘本画面，

当阅读到猴子从山上掉下来时，让幼儿先观察猴子掉在哪里，尝试发现画面细节。阅读过程中，家长也可以围绕绘本主角、线索和画面内容提问，比如在读《猴子捞月》时可以提问："为什么猴子要去捞月亮？""你是怎么发现有一只老猴子的？""你来找一找画面中的猴子都藏在哪里呢？""三只猴子是用什么来捞月亮的？"

二、阅读中家长可以根据故事情节发展等内容提问

在共读的过程中，当阅读到绘本重要情节，会推动故事的发展时，家长可以放慢亲子阅读的速度，不着急把绘本读完，可以先和幼儿一起猜一猜，接下来会发生什么呢？如果当你发生了这种情况，应该怎么办呢？通过这样的参与式互动提问可以让幼儿进一步投入共读中，也能增加幼儿阅读的兴趣，发散幼儿的思维，让幼儿觉得共读是一件好玩的事情。比如读《猴子捞月》猴子从山上掉下来时，可以这样提问："三只猴子从山上掉下来会发生什么事情呢？"读到葫芦瓢掉了，"月亮"不见了时，可以这样提问："如果你是猴子，你会怎么办呢？会不会继续捞月亮？"开始阅读时，看到黑黑的山洞，可以这样提问："如果你是猴子，你会用什么来照亮山洞呢？"

三、阅读后鼓励幼儿分享阅读后的感受

在与幼儿共读后，发挥家长的榜样作用，父母也应该主动地与幼儿分享一些自己对一个情节，甚至某个角色的体会。比如《猴子捞月》这本绘本我最喜欢猴子掉进水潭里的情节，因为非常有趣。在分享阅读感受的过程中，不要着急给幼儿讲道理，只要让幼儿开始自主、愉快地享受自己的感觉，然后在轻松愉悦的氛围中询问幼儿在阅读过程中有没有喜欢或者讨厌的绘本主角或印象深刻的绘本情节画面，鼓励幼儿大胆地将自己的想法说出来。这时家长要及时给予幼儿回应，并肯定幼儿的回答。

同时，家长还需要注意提问的时间，建议提问互动要在幼儿已经基本熟悉绘本之后进行，做到顺其自然，提问内容要与绘本相关。家长提问幼儿之后，要正视幼儿的回答，再根据孩子的反应，及时调整提问的方式，并给予幼儿回答比较正向的反馈。比如说幼儿回答不上来，说明问题可能有点难度，那么就

要考虑降低难度。如果幼儿答错了，就要先给予肯定，再说出正确答案。如果说答对了，首先给予幼儿肯定的语言，并且鼓励幼儿尝试用更丰富的语言来回答。

当然，除了互动，为孩子挑选一本适合他年龄段的绘本也是非常重要的！从简单有趣，到复杂难懂，慢慢引导，这样才能增强孩子的阅读信心。

相信在策略的帮助下，家长能在亲子阅读过程中恰当、适时地对幼儿进行提问，老师还可以用自己阅读思考的方法指导幼儿思维，例如：可以引导幼儿大胆地预测在故事后面将会发生些什么；在阅读后，可以帮助幼儿回想故事中的关键人物、事情；指导幼儿在读完绘本后大胆分享自己阅读完绘本的感觉，包括为什么会喜爱这本绘本。同时对幼儿在阅读过程中产生的困惑以及幼儿在阅读中主动提出的问题，家长都可以及时、有效地给幼儿关注与反馈，这样的亲子阅读，有助于幼儿形成良好的读书习惯。

开放式提问有利于孩子阅读能力的发展

许佳纯

　　经过这段时间的亲子共读，我感触颇深。对比亲子共读前后幼儿的表现，可以看出幼儿的阅读能力有了较明显的变化。这得益于家长的共读策略发生了转变。以下是我对这段时间亲子共读情况的小结。

一、家长提问策略的变化

　　家长共读策略的转变主要体现在提问方式的转变上。亲子共读前期，家长采用的提问方式主要是比较封闭式的提问。如：阅读《情绪小怪兽》时，家长问：你看它是不是很生气？它很难过对不对？由于家长的提问策略较为封闭，导致孩子的回应局限在"是与不是，对与不对"。因此，我在给家长的建议中提到，家长可以采用比较开放式的提问，比如："你观察到它现在的表情是什么样的呢？你觉得它的情绪是怎么样的？"，等等。后来，家长采用的提问方式更加多样化了。如：第一次阅读《好乖的波波》时，家长采用的提问策略主要有以下几种：

　　记忆类提问——妈妈讲到睡觉前姐姐要再次给波波做十项检查时，问点点："姐姐又抱着波波做健康检查，第一点检查什么？"

　　理解类提问——妈妈问点点："如果你的姐姐是一个动物医生，你知道动物医生是做什么的吗？"

　　评价类提问——阅读完，妈妈问点点："你觉得波波是一只怎样的小狗呢？你喜不喜欢波波？"

　　针对家长这些多样化的提问，点点也在回忆和思考后表达出自己的想法。如：妈妈问点点觉得波波是一只什么样的小狗时，点点说："波波是一只乖乖的小狗，刚才看的都是阿波很乖，姐姐都没有生气的，都是很开心的样子。"由此可见，开放式的提问有利于幼儿表达能力与思维能力的发展。

二、不足与反思

　　在这段时间的亲子共读指导过程中，我也发现了自己的很多不足之处。由于自己的专业知识不足，给予家长的指导策略和反馈不够到位。接下来，我会努力提升自己的专业知识，进一步提高自己的绘本分析能力，及时与家长沟通，帮助幼儿逐步向大班的指标发展。

"爸气"十足，让亲子共读变得更有趣

——"不一样"的开放式提问

黄伟华

提问是集体教学活动中常见的教学策略，而"不一样"的开放式提问能够激发幼儿的阅读兴趣，还能使幼儿产生探索的心理，生成独特的想法和观点，并使孩子在理解中不断产生新的问题，从而促进思维能力的发展。为了让亲子共读变得有趣以及真正意义上帮助到家长，接下来，我将对绘本进行分析和解读，对绘本中的内容和提问方式进行详细的研究，在家园沟通的过程中逐渐引导家长用"不一样"的开放式提问让亲子共读变得更有趣。

首先在共读的过程中，爸爸可以采用一些比较好的提问策略。例如在阅读《动物量身高》时，爸爸会提问："这些动物要怎么量身高呢？""第二位是谁？""下一位是谁？""袋鼠会怎么量身高呢？""那我们从图里看一看，下一位量身高的会是谁？你发现了没有？"在阅读《肚子里有个火车站》时爸爸会提问："忽然，茱莉娅听到一阵咕噜噜的声音，那是什么声音哪？""整个火车站里静悄悄的，它们在等什么呀？""小精灵们都生气地大叫起来，为什么会这样呢？""它们是怎么处理这些食物的？"爸爸这样的提问方式可以激发幼儿的想象力，给予幼儿足够的想象空间，让幼儿回顾故事内容，用自己的方式表达出来，使幼儿的表达能力得到提升。

其次在与幼儿共读的过程中，爸爸带着表演的戏剧性因子，也会用夸张的语调、丰富的肢体语言，分角色推进故事；然后又制作动物道具，将故事内容完整地呈现。在读《肚子里有个火车站》时，爸爸会用比较诙谐的语言和幼儿进行互动提问，例如："所以那些东西是什么！掉在马桶里的东西叫什么？"爸爸会做出惊讶的表情，在爸爸语言的带动下，幼儿也跟着做出惊讶的表情；"我们来喊一喊口号，我们要全麦面包，不要冰激凌！罢工罢工！"爸爸会带领幼儿分角色进行扮演，让故事变得更加有趣、生动。虽然过程略复杂，但幼儿却乐此不疲，参与度特别高，情绪一直处于兴奋状态，可谓是气氛融洽，其乐融融，爸爸也乐在其中。可以看出爸爸和幼儿之间有较好的互动，也让亲子关系更进一步。

最后在共读中我发现，爸爸还是存在一些比较封闭的提问，例如："小精灵是不是很勤劳哇？""茉莉娅会不会生病呢？"，等等。抓住重点，我将出现的一些问题和爸爸进行了沟通，并指导如何进行开放式提问。例如：在共读时，爸爸可以提问："小精灵们在做什么？"学会引导孩子主动观察绘本当中的图画并用自己的语言表达出来。当爸爸阅读到主角情绪变化的时候可以提问："小精灵的情绪是什么样的？可以用自己的方式表达出来。"爸爸在朗读的过程中发现孩子注意到了文字符号，可以提问："你发现了什么？你认识它吗？你能将它画出来吗？你能找到和它相同的字吗？"

沟通后，爸爸再次和幼儿共读，这一次爸爸很好地运用了老师给到的开放式提问策略，也能够看出爸爸和幼儿在阅读过程当中的变化。例如：当阅读到主角做一些动作的时候，可以提出和幼儿一起模仿，爸爸会提问："你愿意和我一起模仿它们的动作吗？"当幼儿自主观察并且提出问题时，家长可以引导孩子一起感受。爸爸会提问："茉莉娅很饿的时候会怎么样呢？"这时家长可以引导幼儿观察画面，和幼儿一起说一说饿肚子的感受。当总结主角情绪变化的时候爸爸会问："小精灵们从工作到休息的时候，它们的心情发生了怎样的变化呢？"在绘本结束的时候也可以问问幼儿阅读后的感受。爸爸会问："你最喜欢哪一页？为什么呢？喜欢哪个主角？它做了什么事情让你觉得特别有趣？"这样的提问方式让幼儿更加清楚地找到回答的方向，也能够让其对绘本的整体内容有大概的了解。在最后，爸爸带着幼儿一起回顾故事内容，并引导幼儿将绘本当中比较有趣的内容用自己的方式记录下来。这时爸爸会提问："你知道《肚子里有个火车站》讲了什么吗？""你愿意将你最喜欢的那一页故事内容用图画的方式记录下来分享给我吗？"

　　爸爸反馈，在日常生活中，会有意识地利用不一样的开放式提问将最近阅读的绘本与生活教育相结合。例如，在幼儿学轮滑犯懒了，不想去上课，甚至想要放弃时，会关联《西游记》的情节："你还记得孙悟空学艺时走的路吗？孙悟空用多久学会了腾云驾雾、七十二变的本事？"在幼儿犯馋了，耍赖要买零食和饮料时，就会关联起《肚子里有个火车站》的情节："茉莉娅为什么会肚子疼？她后来又是怎么好的？"在幼儿随手乱丢垃圾，不顾公共卫生的时候，会关联到《城市的垃圾处理》的内容："城市的各种垃圾是怎么到达回收工厂的？后来又要进行怎样的处理？"，等等。可以看出爸爸在与孩子互动和提问孩子上面有很大的进步，也会从不同方面去展开提问，能够及时回应孩子的回答，能够抓住提问契机引导孩子去发现文字符号，可以看出爸爸的提问策略有了调整和进步。

　　总而言之，亲子共读只是家园共育的敲门砖，让家园携手，从打开一本书开始，为孩子打开世界的每一扇窗，让阅读滋养生命，让书香润泽童年。

亲子共读指导下幼儿创作能力的提升

李欢灵

　　通过此次的亲子共读个案发现，亲子共读与幼儿的创作能力紧密相连。亲子共读可以很好地帮助并促进幼儿表达感受与想法，而表达感想是幼儿创作的重要部分。讲述与复述故事和口语表达都是表达的形态，绘画与表演也是表达的形态，这些可以作为幼儿创作表达的途径，而这些能力的提升也都在亲子共读中有所体现。通过亲子共读，幼儿可以学习和体会绘本中的词汇、语句、故事情节、思想内容以及图画特点，积累相关知识与经验，从而内化，进行讲述、绘画到表演的创作，这是一个有趣而迷人的创作历程，值得亲子一起探索和完成。

　　我们班康康小朋友此前是不怎么爱阅读的，表达能力也较弱，平时在集体面前也不太敢表达与表现自己。每次有绘画的活动时，康康说得最多的一句就是："老师，我不会画。"整体来说，表达能力与创作能力都比较弱。但在这次的亲子共读后，康康在表达与创作方面都有很大的进步，能在集体面前勇敢表达自己，在艺术或者语言的创作活动中也能乐于创作与表现。

一、提供多种类的图书

　　开始时，康康并不怎么爱阅读，通过老师在园的观察与家长在家的观察，发现他对科普类的绘本比较感兴趣，因此我们从他的兴趣入手，先让他多阅读科普类的绘本，让他体验阅读的乐趣。后续，康康能较为专注地阅读并爱上阅读后，我们在家和幼儿园会有意识地提供其他种类的绘本，鼓励他阅读。神话传说类、童话故事类、科幻故事类、寓言类、生活类、侦探类、古典类等，来帮助他学习并积累各方面的知识与经验，从而激发他丰富的想象力、发明力与创造力，建构自身独特的想象空间。

二、共读中，引导幼儿感受故事内容与情感、了解绘本的语言与图画特点

绘本作为图文并茂的幼儿早期读物，以反映幼儿生活内容为主。绘本中故事情节、角色设定、场景设计、色彩搭配、图画特点、语言特点等都可以成为幼儿创作的重要灵感。幼儿家长在共读前都会先了解这些特点，并上网了解、熟悉绘本。老师在共读前会听一些绘本导读，帮助家长了解、熟悉绘本。只有这样，家长才能更好地在共读中引导幼儿感受与体验这些特点。例如，家长在与幼儿共读《我的情绪小怪兽》的过程中，会有意识地引导幼儿观察不同情绪小怪兽的颜色、表情与动作特点，这为幼儿后续绘画其他各种情绪小怪兽的创作有很大的帮助。还会多次和幼儿一起感受与朗读里面的比喻句式："……情绪像……一样……"为幼儿后续的语言创作打下基础。

三、共读中，多提开放式问题

在共读时，家长会根据故事情节或者画面，多提问一些开放性的问题，而不是"对不对""好不收""是不是"等封闭性问题。比如在共读《我的情绪小怪兽》这本绘本时，每次讲到不同情绪，家长都会停下来问幼儿问题，如："你什么时候会有这种情绪？""如果你有这种情绪时，会怎么做？"然后幼儿可以根据自己的想法与经验回答问题，从而帮助幼儿培养发散性思维与创造思维。

四、在共读后，运用多种形式引导幼儿进行创作

在共读几遍，幼儿对绘本较为熟悉后，家长会鼓励幼儿运用语言、绘画、表演等形式对绘本进行续编、改编或者创编。例如在阅读完《我的情绪小怪兽》后，家长会用提问的方式引导幼儿续编：整理好了的情绪小怪兽们后面会发生什么故事呢？家长会请幼儿把他续编的故事先讲述出来，还可以讲给老师

或者其他小朋友听一听。在幼儿讲述续编故事的过程中，除了锻炼他的语言表达能力外，成人还可以帮忙梳理他的想法与思绪，其他小伙伴还可以帮助他丰富内容。讲述完之后，鼓励他把丰富好的故事用绘画的形式表现出来。待幼儿绘画完毕，让他看着自己创作的续编绘本讲述一遍，成人可以帮忙用音频的方式录下来，之后把录音放给幼儿听，并帮忙整理成文字记录在幼儿的续编绘本中。还可以采用一种幼儿比较喜欢的方式——表演，用故事表演的方式进行创作。例如，在阅读完《我的情绪小怪兽》后，家长会引导幼儿进行创编，除了快乐、伤心、生气、害怕、平静这种情绪还有什么情绪，那这种情绪小怪兽会是怎样的，会发生什么故事呢？家长会请幼儿先说，然后绘画，即像创作一本小剧本一样，最后请家庭成员一起帮忙演绎幼儿创作的故事。在演绎过程中，家长还可以把表演过程录下来，后续一起观看。从幼儿创编到和家长一起表演，这是一段美好的亲子时光。

幼儿绘本是幼儿学习、创作的重要媒介与途径。绘本是用不同风格的图画，展示出不同艺术家的风格和艺术追求，幼儿在绘本阅读过程中不仅能享受故事的生动，语言的特点，而且潜移默化地接受了美术的熏陶，提升了幼儿的想象能力与创作能力。但若让幼儿自主阅读，幼儿更多的只是感受体验绘本中的图画而已，对于其他并无太多感受。所以，这个时候需要成人的陪伴阅读，特别是家长的亲子共读陪伴。在共读过程中，家长的用心陪伴与耐心引导，为幼儿进行模仿和创作起到了重要的作用。也正是经过这一次次的亲子共读，家长每次的用心陪伴与充满智慧的耐心引导，康康的语言表达与创作能力有了很大的提升，现在敢于表达并乐于创作。

下篇 亲子共读实践篇

新蕾坪洲园亲子阅读案例

小二班《彩虹色的花》

| 姓　　名 | 黎荣轩 | 年　　龄 | 4岁7个月 | 观察者 | 黄享群 |

| 阅读地点 | 图书角 | 阅读时长 | 11分钟 | 日　　期 | 2022年5月29日 |

一、观察记录

勾选	具体指标	照片、作品或轶事记录等证明（插入作品）
√	1.掌握基本的图画书翻阅规则，爱护图书。	阅读中幼儿翻图书。
√	2.在空余时间会积极、主动地选择翻阅图画书，会表达自己是否喜欢所阅读的图画书。	在餐后自主活动时间，发现幼儿自己拿图书和小朋友阅读。

勾选	具体指标	照片、作品或轶事记录等证明（插入作品）
√	3.能用口头语言来叙述图画书中的内容，可以清晰、准确地指认画面上的物体，描述单个画面上的故事情节。	妈妈：你看一下这个画面，你看到了什么？ （幼儿用右手手指划着封面）幼儿：花瓣，是彩虹色的花瓣。
	4.通过封面的阅读能初步了解图画书中的主角，初步感知主角，并猜想故事的情节。	
	5.在成人的提示下会在生活情境中想起图画书中主角的行为，能够做出与图画书中主角相应的动作和表情，并进行简单叙述。	
√	6.在生活中关注常见的符号，意识到特定地方的符号具有意义（如门牌、路牌）。	在餐后散步时，幼儿指着树上的标签：这是澳洲鸭掌木。
	7.阅读图画书时关注封面标题（例如：幼儿会用手指点标题）。	
	8.知道只有文字是成人可以阅读的，会点数汉字，能读出自己名字中的文字。	

续 表

勾选	具体指标	照片、作品或轶事记录等证明（插入作品）
√	9.会以随意的涂鸦和线条"假装"书写。	绘本阅读后，幼儿在纸上画花。
	10.会模仿成人的书写，借助画图来表达想法。	

二、勾出符合本次观察背景的项目

☐ 幼儿发起

☑ 家长发起

☑ 新的绘本

☐ 熟悉的绘本

☐ 独立阅读

☑ 在成人陪伴下阅读

☐ 用时1～5分钟

☑ 用时5～15分钟

☐ 用时15分钟以上

三、观察记录（白描）

（一）阅读前

幼儿坐在妈妈怀里，背靠妈妈胸前，《彩虹色的花》平放在书桌上。

（二）阅读中

1. 封面、扉页、环衬的解读

妈妈（拿出绘本《彩虹包的花》）：这是美国的麦克·格雷涅茨写的，是彭君翻译的。（幼儿试图翻书，妈妈阻止了）

妈妈：它是二十一世纪出版社出版的。

妈妈：你看到了什么？（妈妈手指封面）

幼儿（用右手手指划着封面）：花瓣，是彩虹色的花瓣。

妈妈（翻开书看到环衬）：这一页是什么？

幼儿：环衬。

妈妈你看这个环衬有什么特别的呢？

幼儿（把书翻到封面，用手在封面上画了一圈，与环衬进行对比）：像这个彩虹色的花一样。

妈妈（翻到扉页）：扉页这里有什么？

幼儿：这个花是很大个儿的（用手比画了一下）。它的这个是什么？

妈妈：这是花的根部。这是一朵彩虹色的花。

教师的观察：

对幼儿的观察：能观察到封面和环衬图画的不同与相同，会通过对比来表述自己对画面内容的理解；同时能积极回应家长的提问。

对家长的观察：能引导幼儿关注封面信息（作者、译者、出版社），并引导幼儿观察环衬和封面，这对于幼儿阅读习惯的养成有帮助，有助于幼儿了解书的结构，激发幼儿阅读的兴趣。

2. 正文的阅读

妈妈（翻到正文第1页）：太阳升起来了，你看太阳像什么？

幼儿：它长得像头发一样。（幼儿摸着自己的头比画）

妈妈：真的像头发一样哦！它的眼睛为什么睁那么大？

教师的观察：幼儿不断尝试自己翻书，妈妈按住他的手阻止，并通过提问来转移他的注意力；对幼儿急于翻书的行为妈妈应给予肯定，强行阻止可能会让幼儿失去阅读兴趣。妈妈可以说："等这一页读完了，你就帮我来翻页，好吗？"延迟满足，对于激发幼儿持续的阅读兴趣是有帮助的。

妈妈（翻到正文第2页）：你看小蚂蚁拿了花瓣做什么呢？

幼儿：做船。

妈妈：如果你是彩虹色的花，遇到小蚂蚁，你会给他吗？（幼儿点头）

教师的观察：建议用开放式提问，激发幼儿的思考和想象。如：你会怎么做呢？激发幼儿对故事对话内容的回忆。

幼儿（翻到正文第3页）：壁虎来了。

妈妈：这个叫蜥蜴，它去参加一个宴会，它没有漂亮的衣服。

幼儿：它要一个红色的花瓣。（幼儿指着蜥蜴身上的红色衣服）

幼儿（翻到正文第4页）：小老鼠它很热，这么大大的太阳。（幼儿用手指指着汗滴）

幼儿：他想到一个办法。（幼儿用右手手掌扇风，表情很夸张）

幼儿（翻到正文第5页）：小鸟想要这个彩虹色的花瓣当礼物，可是摘下后它马上枯萎了。

妈妈（翻到正文第6页）：小刺猬很冷，它要用花瓣做一件衣服。

幼儿（翻到正文第7页）：马上就要下暴雨了，剩下最后一个，就被风吹走了。（妈妈有意识在引导幼儿说出完整的语句）

幼儿（翻到正文第8页）：慢慢就下雪了，它就枯萎了。

妈妈（翻到正文第9页）：这是什么？（妈妈指着画面上的彩虹）

幼儿：现在变成彩虹了，太阳照出来的。

妈妈（翻到正文第10页）：哦！到第二年春天，太阳出来的时候，小花又长出来了，它又会给那些需要帮助的人。

幼儿：还有它们，它的朋友。（表情很开心）

教师的观察：

对幼儿的观察：幼儿能观察到画面的很多细节（幼儿用手指指着汗滴），例如小老鼠的汗滴、枯萎的花朵，并能用动作表达自己对画面的理解（幼儿用右手手掌扇风，表情很夸张）。

对家长的观察：妈妈及时纠正幼儿的用词（蜥蜴），并有意识地引导幼儿说出完整的句子，这些都是帮助幼儿习得书面语言的好办法，对于幼儿词汇的习得很有帮助。同时，通过妈妈的指引，幼儿能关注到画面的关键信息（彩虹、太阳等）以及场景中发生的变化。

（三）阅读后

妈妈（页面到了后环衬）：这个是这本书的后环衬。

妈妈（翻到书的背面）：这是这本书的封底，这是出版社的二维码，这个是条形码，还有书价。

幼儿：还有这个钱，46块钱。（幼儿指着书价）

妈妈：嗯！每本书都有标价，我们去买书的时候看到标价就知道可以用多少钱来买到这本书。

教师的观察：家长能有意识地引导孩子关注环衬和封底的相关信息，这对于幼儿了解书本的结构很有帮助。

小三班《大卫，不可以》

姓　　名　叶婉珺　　　年　　龄　4岁　　　观察者　陈燕楚
阅读地点　房间　　　　阅读时长　8分48秒　　日　　期　2022年6月20日

一、观察记录

勾选	具体指标	照片、作品或轶事记录等证明（插入作品）
√	1.掌握基本的图画书翻阅规则，爱护图书。	妈妈反馈在家里，幼儿能够取放书籍。
√	2.在空余时间会积极、主动地选择翻阅图画书，会表达自己是否喜欢所阅读的图画书。	幼儿餐后主动阅读。

勾选	具体指标	照片、作品或轶事记录等证明（插入作品）
√	3.能用口头语言来叙述图画书的内容，可以清晰、准确地指认画面上的物体，描述单个画面上的故事情节。	婉珺妈妈说："哇!他弄得脑袋上有草，脸蛋上有土，好像还有蚯蚓。"（婉珺一边跟着妈妈观察画面，一边回应妈妈）
√	4.通过封面的阅读能初步了解图画书中的主角，初步感知主角，并猜想故事的情节。	婉珺指着画面说："他跳啊跳啊，跳到了这里。"然后妈妈和婉珺一起做触电的动作。"哦! 我的天哪。"妈妈说，"那千万不可以哦! 你看大卫手里有泥土，湿答答的，如果他去触碰这个插座，会触电电死的哦! 那可怎么办哪? "
√	5.在成人的提示下会在生活情境中想起图画书中主角的行为，能够做出与图画书中主角相应的动作和表情，并进行简单叙述。	妈妈问："跳泥坑你有没有跳过? 你是怎么跳泥坑的? " 婉珺先摇摇头，回答妈妈说："我看过小猪佩奇跳泥坑，我就会变成黑糊糊的了。"

勾选	具体指标	照片、作品或轶事记录等证明（插入作品）
√	6.在生活中关注常见的符号，意识到特定地方的符号具有意义（如门牌、路牌）。	婉珺在操作数学材料时发现不同形状的符号。
√	7.阅读图画书时关注封面标题（例如：幼儿会用手指点标题）。	婉珺和伙伴阅读时指着书本文字念。
√	8.知道只有文字是成人可以阅读的，会点数汉字，能读出自己名字中的文字。	与妈妈阅读时，妈妈指着书本上的字，婉珺念出来。
√	9.会以随意的涂鸦和线条"假装"书写。	婉珺用毛笔写、画。

续　表

勾选	具体指标	照片、作品或轶事记录等证明（插入作品）
√	10.会模仿成人的书写，借助画图来表达想法。	婉珺用线条画出不同的雨。

二、勾出符合本次观察背景的项目

☑ 幼儿发起

☐ 家长发起

☑ 新的绘本

☐ 熟悉的绘本

☐ 独立阅读

☑ 在成人陪伴下阅读

☐ 用时1～5分钟

☑ 用时5～15分钟

☐ 用时15分钟以上

三、观察记录（白描）

（一）阅读前

婉珺和妈妈并排坐在床上，《大卫，不可以》放在妈妈的腿上。

（二）阅读中

1. 封面、扉页、环衬的解读

教师的观察：视频中未看到阅读封面，建议家长在每次阅读前都引导幼儿关注绘本的结构，从封面开始解读，封面上的图画涵盖了故事的要素，从画面可以提出相关问题思考，从封面人物的表现可以读出绘本的内涵、主题。

2. 正文的阅读

幼儿（翻到正文第1页）：天哪！大卫不可以！（妈妈也重复说同样的话，婉珺摇摇头）

幼儿：我说这边，你来说这边哈！

妈妈回应道："好吧！"（指着书本左侧对妈妈说）

妈妈：哇！他踩到脑袋上有草，脸蛋上有土，好像还有蚯蚓。（婉珺一边跟着妈妈观察画面，一边回应妈妈）

妈妈：1、2、3、4、5、6、7。问婉珺：这时候怎么办？（数了一下泥土的数量）

幼儿：我来数一下，1、2、3、4、5、6、7、8。大声地说8个。

妈妈：八个脚印啊，这可怎么办哪？

幼儿：要拖地啊，这里有电哦！（指着图片上的插座）

妈妈：那是电的插座，可以碰一下吗？做什么的？

幼儿：那是大人来关的。

妈妈：会触电的。（模仿触电的样子）

幼儿：他跳啊跳啊，跳到了这里。（妈妈和婉珺一起做触电的动作）

妈妈：哦！我的天哪！那千万不可以哦！你看大卫手里有泥土，湿答答的，如果他去触碰这个插座，会触电电死的哦！那可怎么办哪？

幼儿没有回应妈妈，拿起一个玩具，并且告诉妈妈让玩具乌压压来回答这个问题。

妈妈：那乌压压你可以玩插座吗？

幼儿：不可以，我也不可以玩插座。

妈妈（翻到正文第2页）：你看他洗澡还在浪费水。

幼儿：浪费水啦，看！（没有第一时间回应妈妈，而是先翻了一下绘本）

妈妈：我们洗澡不要放那么满的水好吗？要节约用水。

妈妈：他在浴缸里能游泳吗？游泳要去哪里？

幼儿：游泳池，浴缸那么大也可以游泳啊！

妈妈：虽然浴缸很大，但是不能游，会撞到头的！

幼儿：很小的呢？

妈妈：不可以，很小的是用来泡澡的！冷到了就要去医院打针。

教师的观察：

对幼儿的观察：幼儿在本次阅读中能模仿家长表述的语气，对绘本内容已有一定的认识，阅读时能够主动安排如何阅读，在阅读中发现图画中的更多小细节，能跟着家长一起点数。但是在回应家长提问时分心了，在旁边捣鼓玩具。

对家长的观察：家长在本次阅读中的提问和第一次阅读关注点一致，出现问题重复的情况，建议让幼儿观察图画时寻找新的发现再进行提问。但能引导幼儿更细致地观察画面，引入了其他领域的知识。家长发现幼儿分心也能及时调整幼儿的状态，把幼儿带回阅读中！

（三）阅读后

教师的观察： 视频中未能看到幼儿和家长将全书阅读完毕，大概也是发现孩子阅读已分心，本次阅读只关注了两页内容。建议家长调整阅读状态，既然幼儿对绘本已熟悉，大可让幼儿掌握阅读主导权，说不定家长也能有更多新发现。

小四班《阿文的小毯子》

姓　　名	杨滢祯	年　　龄	4岁	观察者	林雅萍
阅读地点	客厅	阅读时长	10分28秒	日　期	2022年6月3日

一、观察记录

勾选	具体指标	照片、作品或轶事记录等证明（插入作品）
√	1.掌握基本的图画书翻阅规则，爱护图书。	视频里较少体现，但在教室自主阅读的时候妞妞会一页一页翻阅图书。

续 表

勾选	具体指标	照片、作品或轶事记录等证明（插入作品）
	2.在空余时间会积极、主动地选择翻阅图画书，会表达自己是否喜欢所阅读的图画书。	
√	3.能用口头语言来叙述图画书中的内容，可以清晰、准确地指认画面上的物体，描述单个画面上的故事情节。	妈妈：阿文在什么时候也带着小毯子呀？ 妞妞：拉尿。
√	4.通过封面的阅读能初步了解图画书中的主角，初步感知主角，并猜想故事的情节。	妈妈又就封面信息进行提问：你看它手里拿着什么？ 妞妞：毯子。
√	5.在成人的提示下会在生活情境中想起图画书中主角的行为，能够做出与图画书中主角相应的动作和表情，并进行简单叙述。	能根据书中阿文和小毯子的互动联想到自己和妈妈的互动。
	6.在生活中关注常见的符号，意识到特定地方的符号具有意义（如门牌、路牌）。	
	7.阅读图画书时关注封面标题（例如：幼儿会用手指点标题）。	
	8.知道只有文字是成人可以阅读的，会点数汉字，能读出自己名字中的文字。	
	9.会以随意的涂鸦和线条"假装"书写。	
	10.会模仿成人的书写，借助画图来表达想法。	

二、勾出符合本次观察背景的项目

☐ 幼儿发起

☑ 家长发起

☑ 新的绘本

☐ 熟悉的绘本

☐ 独立阅读

☑ 在成人陪伴下阅读

☐ 用时1~5分钟

☑ 用时5~15分钟

☐ 用时15分钟以上

三、观察记录（白描）

（一）阅读前

幼儿和妈妈并排坐，《阿文的小毯子》平放在书桌上。

（二）阅读中

1. 封面、扉页、环衬的解读

妈妈（拿出绘本《阿文的小毯子》）：妞妞，今天我们要讲的绘本是《阿文的小毯子》，（指着封面）你看看这个封面上有个什么呀？

妞妞：有个小老鼠。

妈妈：它拿着什么东西？

妞妞：它拿着毯子。

妈妈：哦，你觉得它拿的就是毯子是不是？什么颜色的？

妈妈：我们一起来看看，这个故事里，主人公阿文会和这个小毯子发生什么样的故事。（介绍作者及出版社）

2. 正文的阅读

妈妈（翻到正文第1页）：小宝宝的时候就喜欢了。你看他不管是……还是……阿文总是说："我去哪里，小毯子就跟我去哪里。"它不管在做什么的时候都会带着这个小毯子。

教师的观察： 幼儿的眼睛一直跟着妈妈的书页走，注意力比较集中。

妈妈（翻到正文第2页）：这是在干吗？（手指画面）

妞妞：拉尿。

妈妈：哦！坐在马桶圈上都要抱着小毯子，这里呢？

妞妞：吃饭他要把脚踩着刮一下，下楼梯他要扶着把杆一边下一边跑。

教师的观察： 建议可以让幼儿用自己的语言描述画面内容。

妈妈（翻到正文第4页）：隔壁的阿姨忍不住说话了……哪个是隔壁的阿姨啊？这个应该是，她在墙的外面。

妈妈：这个是谁？

妞妞：阿文的爸爸妈妈。

妈妈：这天晚上啊，爸爸就告诉阿文……（继续讲述）

妈妈：醋是什么味道的？

妞妞：酸。

妈妈：酸酸的味道是不是？

妈妈：虽然小毯子还有一些怪味道，但是阿文一点儿也不在乎。（继续讲述）

妈妈：（翻到正文第19页）。妈妈把它剪成了多少块小手绢？

妞妞：一、二、三、四、五、六、七、八、九、十、十一、十二、十三。

妈妈：剪成了这么多条。

妞妞（手舞足蹈）："我有一个办法，他想的办法应该就是他带到学校以后，虽然老师会不让他带去，但是他还有这么多条可以玩哪。"

教师的观察： 幼儿能跳出原本的框架，从事情更积极的一面去思考办法。

妈妈：哦，他还有这么多条是不是，他就可以带到不同的地方，因为小小的不是那么大对吗？它剪成小小块就怎么样呢？就很方便带着。

妈妈：现在，不管阿文走到哪里，身上都带着一条小手绢儿。

（三）阅读后

妈妈：故事到这里就讲完啦，妞妞，你还想再看一遍这本书吗？

妞妞：那就再看一遍吧。

教师的观察： 发现幼儿在妈妈讲述的同时眼睛一直看着绘本画面，时不时会提问关于绘本的问题，对绘本比较感兴趣，而且在阅读后愿意用涂鸦的形式来表达自己对绘本的思考。

中一班《好饿好饿的毛毛虫》

姓　　名　杨梓兰　　年　　龄　5岁　　观察者　钟海媚、朱红军
阅读地点　客厅　　阅读时长　4分31秒　　日　　期　2022年5月28日

一、观察记录

勾选	具体指标	照片、作品或轶事记录等证明（插入作品）
√	1.能熟练地翻阅图画书，迅速找到成人提到的页面、页码。	在自主活动时间，老师观察到幼儿能够熟练地翻阅图书。
√	2.共读中，会主动观察图画书中的主要人物在干什么。	妈妈：它准备干什么呢？ 幼儿：它要去吃东西。
√	3.根据对图画书的理解，会产生与主角相应的情绪和相似的行为，表达对主角的理解和喜好。	妈妈：那天晚上，毛毛虫吃了那么多，它怎么样了呢？ 幼儿：它受不了了。
√	4.能使用丰富的语言较为连贯地叙述图画书中的主要情节，在叙述过程中会较多地使用图画书中的语句。	妈妈：星期一？ 幼儿：吃了一个苹果。星期二，吃了两个梨。星期三，吃了三个李子。

续 表

勾选	具体指标	照片、作品或轶事记录等证明（插入作品）
√	5.能在成人的提示下猜想图画书后面的情节，采用图画或图文方式，仿编、续编图画书情节。	妈妈：后来毛毛虫造了一间小房子叫作"茧"，它把自己包在了里面，并且住了两个多星期，然后把茧咬破了一个洞，钻了出来。 幼儿：钻出来变成蝴蝶了吗?
	6.会表达自己是否喜欢所阅读的图画书，并说明原因。	
	7.开始能找到不同汉字中的一些相同部件，发现象形字的象形特征(如"月"外形像月亮）。	
	8.开始能根据成人的朗读点指所看到的文字，猜测文字的意义。	
	9.有初步的与纸笔互动的"书写"经验（初步书写是指幼儿拿笔和纸随意涂涂画画）。	
	10.使用图画、符号、文字等多种形式，创意地表达比较复杂的意思。	

二、勾出符合本次观察背景的项目

☐ 幼儿发起

☑ 家长发起

☑ 新的绘本

☐ 熟悉的绘本

☐ 独立阅读

☑ 在成人陪伴下阅读

☑ 用时1～5分钟

☐ 用时5～15分钟

☐ 用时15分钟以上

三、观察记录（白描）

（一）阅读前

幼儿坐在妈妈旁边，《好饿的毛毛虫》平放在书桌上。

（二）阅读中

1. 封面、扉页、环衬的解读

妈妈（拿出绘本《好饿的毛毛虫》）：好饿的毛毛虫，图文艾瑞卡尔，翻译郑明进，明天出版社。你看到了什么？（妈妈手指封面）

幼儿：毛毛虫。

妈妈（翻开书看到环衬）：这是什么？圆圆的点点都是它钻过去的洞吗？

幼儿：为什么是彩色的呢？

妈妈：因为它吃过的食物都是彩色的呀！我们来看看是不是。

幼儿（翻到扉页）：哇，真的是哦！

2. 正文的阅读

妈妈（翻到正文第1页）：夜光下一颗小小的蛋躺在叶子上，你发现了吗？

幼儿用手指指出。

妈妈：夜晚大家都在干吗？

幼儿：在睡觉——

妈妈（翻到正文第2页）：星期天早上，暖和的太阳升起来了，"啵"一声，一条又小又饿的毛毛虫从蛋里——（妈妈用手势模仿毛毛虫爬）

幼儿：爬了出来。

妈妈：它准备干什么呢？

幼儿：它要去吃东西。

妈妈（翻到正文第3页）：没错，它要去找一些东西来吃，星期一……

教师的观察：共读中，幼儿会主动观察图画书中主要人物在干什么。此时妈妈对幼儿的肯定能让幼儿保持阅读的兴趣。

幼儿（继续读正文第4页到第8页）：吃了一个苹果。星期二，吃了两个梨。星期三，吃了三个李子。

妈妈：那它饱了吗？

幼儿：没有，星期四，他吃了四个草莓。

妈妈：可是它还是好饿，于是，在星期五……

幼儿：它吃了五个橘子。

妈妈：可是呢，它还是好饿。

妈妈（翻到正文第9页）：星期六，它吃了……

幼儿：星期六，它吃了蛋糕，冰激凌，黄瓜，蛋糕，香肠，棒棒糖，樱桃派，香肠，巧克力杯，西瓜。（用手指着）

妈妈：那天晚上，毛毛虫吃了那么多，它怎么样了呢？

幼儿答：它受不了了。

教师的观察：妈妈对幼儿进行合适的引导会加强幼儿对图画书的理解，幼儿会产生与主角相应的情绪和相似的行为，表达对主角的理解和喜好。

妈妈：（翻到正文第10页）"那天晚上，毛毛虫吃了好多好多，肚子好痛好痛。第二天，它吃了一片又大又嫩又绿的叶子，觉得舒服多了。"（妈妈用手比画着叶子的边）

幼儿：后面会发生什么事呢？去看看吧。（幼儿主动翻开下一页）

妈妈（翻到正文第11页）：发生什么事情啦？

幼儿：它变成了一条大毛毛虫。

妈妈：现在，毛毛虫不觉得肚子痛了，它不再是一条小毛毛虫了，它是一条又肥又大的毛毛虫。

幼儿：因为它长大了。

妈妈：（翻到正文第12页）后来毛毛虫造了一间小房子叫作"茧"，它把自己包在了里面，并且住了两个多星期，然后把茧咬破了一个洞，钻了出来。

幼儿：钻出来变成蝴蝶了吗？

妈妈（翻到正文第13页）：毛毛虫钻出来变成了一只漂亮的蝴蝶。

（三）阅读后

妈妈：最后这个故事告诉了我们什么呢？

幼儿：就是毛毛虫喜欢吃嫩嫩的叶子。

妈妈：哦，不对，是要吃合适的食物，不能乱吃东西。

教师的观察：幼儿在本次阅读后已经知道了适合毛毛虫吃的食物是嫩嫩的

叶子，但对于故事中蕴藏的道理与现实生活中的良好行为呼应缺乏关联想象。妈妈此时可以通过提问的方式让幼儿自己明白绘本中的道理，例如：毛毛虫吃了很多杂乱的东西，然后它的肚子就疼了，假如是我们吃了很多杂乱的东西，我们的肚子会怎样呢？

中二班《动物量体重》

姓　　名	田沫	年　　龄	5岁	观察者	刘双莹
阅读地点	客厅	阅读时长	9分55秒	日　　期	2022年5月

一、观察记录

勾选	具体指标	照片、作品或轶事记录等证明（插入作品）
	1.能熟练地翻阅图画书，迅速找到成人提到的页面、页码。	
√	2.共读中，会主动观察图画书中的主要人物在干什么。	在阅读中能根据画面进行故事讲述。

续 表

勾选	具体指标	照片、作品或轶事记录等证明（插入作品）
√	3.根据对图画书的理解，会产生与主角相应的情绪和相似的行为，表达对主角的理解和喜好。	在故事结束后，也会去拿体重秤称一称自己的体重。
	4.能使用丰富的语言较为连贯地叙述图画书中的主要情节，在叙述过程中会较多地使用图画书中的语句。	
√	5.能在成人的提示下猜想图画书后面的情节，采用图画或图文方式，仿编、续编图画书情节。	读到猪不愿上秤时，幼儿对原因进行了猜测，续编情节。
	6.会表达自己是否喜欢所阅读的图画书，并说明原因。	

勾选	具体指标	照片、作品或轶事记录等证明（插入作品）
	7.开始能找到不同汉字中的一些相同部件，发现象形字的象形特征（如"月"的外形像月亮）。	
√	8.开始能根据成人的朗读点指所看到的文字，猜测文字的意义。	看到体重秤上的数字时，幼儿会对数字进行猜测，熊猫是100斤吗？
	9.有初步的与纸笔互动的"书写"经验（初步书写是指孩子拿笔和纸随意涂涂画画）。	
	10.使用图画、符号、文字等多种形式，创意地表达比较复杂的意思。	

二、勾出符合本次观察背景的项目

☐ 幼儿发起

☑ 家长发起

☑ 新的绘本

☐ 熟悉的绘本

☐ 独立阅读

☑ 在成人陪伴下阅读

☐ 用时1~5分钟

☑ 用时5～15分钟

□ 用时15分钟以上

三、观察记录（白描）

（一）阅读前

爸爸：我们今天要读的书叫《动物量体重》。你之前有量过体重吗？

沫沫：量过。

爸爸：我们做体检就是量体重，在家里也会量体重，动物们是不是也要做体检呢？

教师的观察：

对家长的观察：阅读前和幼儿进行已有经验谈话，为阅读绘本做经验准备。

（二）阅读中

1. 封面、扉页、环衬的解读

爸爸（拿出绘本《动物量体重》）：这本书是由庆太郎编写，然后陈滢如翻译，明天出版社出版。

爸爸：封面上有什么呢？

沫沫：有大象、星星、小女孩儿、河马、孔雀、小猪，还有肥羊。

爸爸：这个小女孩儿手上拿的什么呀？我们猜猜，他们要干什么？

沫沫：他们要称体重。

爸爸：这个星星医生负责称体重，然后小女孩儿负责做什么呀？

沫沫：负责记录。

教师的观察：

对幼儿的观察：能观察封面并将事物一一指读出来。在封面阅读中能积极回应家长的提问。

对家长的观察：引导幼儿了解绘本的封面信息（标题、作者、翻译者、出版社），并引导幼儿认识医生和记录员的职责，为阅读正文做铺垫。

建议：在阅读完封面后，和幼儿进行环衬阅读。

2. 正文的阅读

爸爸（翻到正文第1页）：今天是动物园量体重的日子，要量一量我们的身体有多重，大家排好队，一个个来哟，谁排在第一位呀？

沫沫：熊猫。

爸爸：在称体重之前可不可以吃东西呢？

沫沫：不可以。

爸爸：我们翻到第2页，第一位是熊猫，熊猫一边吃着竹子一边往体重秤上走，这个医生就这样说，不能一边吃竹叶一边量体重哦，等吃完再量。吃完再量吧，然后这个熊猫就快速地把竹子吃掉了，对不对？

沫沫：对。

教师的观察： 建议可以用开放式提问，激发幼儿的思考和想象。如：熊猫这样才可以量体重吗？

爸爸（翻到下一页）：这个体重秤上有什么呀？

沫沫：闹钟。

爸爸：这个闹钟是体重秤的显示器，上面的指针指到的数字就是动物的体重，下面还有一个体重显示屏哦。

爸爸：熊猫体重是多少？赶紧来看，体重秤上是多少？

沫沫：100。那熊猫就是100斤吗？

爸爸：体重100千克，千克是一个重量的单位，这个仪表盘上的数是多少？

沫沫：100。

教师的观察：

对幼儿的观察：在对于体重秤的认识中，幼儿积极提问，能通过观察数字猜测意思，如：看到100认为熊猫是100斤。

对家长的观察：这一页家长有意识地为幼儿普及关于量体重的相关知识，如体重秤如何看，以及体重的单位，丰富幼儿的相关经验。

爸爸：熊猫坐得非常非常端正，对吧，所以量体重的时候呢，不能摇摇晃晃，要稳稳地坐在那里。小女孩儿认真地记下，熊猫100千克。

爸爸：下一页量体重的是谁呢？

爸爸：下一位是小猪，它一直往后退缩，这可怎么办呢？你猜，猩猩医生会说什么呢？当你遇到不敢做的事情时，会怎么做呢？

沫沫：不知道。

爸爸：小猪，不用害怕，上来称一下，很快、很简单的。但是小猪还是不敢上前，小猪还是不想站上去，还不停地往后退缩，真可惜，量不成小猪的体重了，记录姐姐很失望。

爸爸：下一个是大象，可是大象也太大了，这个体重秤根本不够，怎么办呢？

爸爸：医生帮我们准备了一个很大很大的体重秤。还好，我们准备了特别的体重秤。请到这边来，这个心理医生引导着大象来到了这个超级大的体重秤前。哇，这个体重秤好大好大，超大型的大象专用体重秤。

爸爸：来，我们来看看它的体重是多少，5800千克。这个都一直在摇摆，对不对？大象稳稳地站在这个超级大的体重秤上，他可能是世界上最重的动物了吧？

爸爸：下面看到谁了呢？

沫沫：下一位是绵羊。

爸爸：我们看体重是多少，你来看体重是多少。

沫沫：40千克。

爸爸：绵羊毛茸茸圆滚滚的，看起来很重的样子，不然剪完羊毛再量一次吧。你猜我们的绵羊的羊毛会有多重呢？

沫沫：36千克。

爸爸：整整少了4千克，看来这一堆羊毛重4千克。

爸爸：看看下一位是谁呢？

沫沫：是孔雀。

爸爸：是孔雀，准备好了吗？要开始啰，你看孔雀上来之后，这个指针就一直在摇摆摇晃，因为它没有站稳，所以指针就一摇一晃，一摇一晃。哇，好漂亮的孔雀开屏。尾巴张得再大，体重也不会改变，我们看看孔雀的体重是多少啊？

沫沫：5。

爸爸：显示屏显示的是5，这个数字在0和10的正中间就是5千克，和时钟的看法是一样的哦。

教师的观察：

对家长的观察：引导幼儿观察体重秤上5的位置，并引导幼儿对比时钟和秤上的指针所指的数的相同与不同。

爸爸：接下来我们猜猜河马和狮子谁会比较重呢？

沫沫：河马。

爸爸：为什么呢？

沫沫：因为河马胖。

爸爸：到底是河马重还是狮子重？哇，你来看狮子体重多少啊？

沫沫：150千克。

爸爸：这是200千克。你看河马呢？2000千克。你看这个河马和狮子，谁的体型大一点呢？

沫沫：河马。

爸爸：河马超级大。

爸爸：我们看接下来又轮到谁了呢？嗯，没有了，好了，总算都测量完了。大家辛苦了，赶紧回去吧。大家辛苦了，赶紧回去吧。走到这里想一想，他说大家都量完了，真的都量完了吗？

沫沫：还有小猪猪。

爸爸：小猪还是不想站上去，害羞的小猪到最后都没有量上体重。对不对？

沫沫：对。

教师的观察：建议这里提开放性问题，激发幼儿对小猪不上秤的原因的思考和想象。如：你觉得小猪为什么不愿意量体重呢？

（三）阅读后

爸爸：今天的故事讲到这里就讲完了，沫沫你有什么办法能知道自己的体重呢？

沫沫：我去称一称。

爸爸：那你去试一试看看你有多少千克吧！

爸爸：我们今天的故事就讲完了，谢谢大家。

教师的观察：

对家长的观察：家长有进行课后延伸活动——量体重，加深幼儿对绘本中提到的量体重的方法、体重的单位的理解。但是家长在共读完绘本后，没有进行完整的阅读，对故事的阅读没有整体性，建议在共读完绘本后，进行一次完整的阅读。

中三班《彼得的椅子》

姓　名　李雨麒　　年　龄　5岁　　观察者　张晓卉、庄莹莹
阅读地点　窗台　　阅读时长　16分37秒　日　期　2022年6月20日

一、观察记录

勾选	具体指标	照片、作品或轶事记录等证明（插入作品）
√	1.能熟练地翻阅图画书，迅速找到成人提到的页面、页码。	
√	2.共读中，会主动观察图画书中主要人物在干什么。	妈妈：他看到唯一一个物件没有被改变，这时候他心情怎么样啊？ 幼儿：嗯……激动。 妈妈：对，激动地就大叫了，是吧？好的，我们再看一下，然后他是怎样的呀？ 幼儿：抓起小椅子，跑出自己的房间。
√	3.根据对图画书的理解，会产生与主角相应的情绪和相似的行为，表达对主角的理解和喜好。	妈妈：这会儿心情好一点没有？ 幼儿：嗯。他的小嘴唇这样。（幼儿摸嘴唇） 妈妈：他的小嘴唇已经向上扬了是不是？嘴角往上扬。

续　表

勾选	具体指标	照片、作品或轶事记录等证明（插入作品）
	4.能使用丰富的语言较为连贯地叙述图画书中的主要情节，在叙述过程中会较多地使用图画书中的语句。	妈妈：对，激动得就大叫了，是吧？好的，我们再看一下，然后他是怎样的呀？ 幼儿：抓起小椅子，跑出自己的房间。 妈妈：跑回，跑回自己的房间。
√	5.能在成人的提示下猜想图画书后面的情节，采用图画或图文方式，仿编、续编图画书情节。	妈妈：所以他跟你一样，他就整个漆成粉色了呀，于是他们就把椅子漆成了粉色。 幼儿：那他怕不怕直接这个漆到最上面，然后妹妹坐下去，屁股上全是。 妈妈：那我猜他肯定会漆完之后晾一晾的吧。
	6.会表达自己是否喜欢所阅读的图画书，并说明原因。	妈妈：好的，除了这个地方使你喜欢这本书，还有哪些地方让你喜欢这本书的？ 幼儿翻书，指了一页。 妈妈：这里啊，为什么呢？为什么在这个地方让你喜欢上这本书呢？ 幼儿：这只狗想来找他，它也太激动了，都没看见前面有他搭的房子。 妈妈：那说明什么呢？ 幼儿：它很激动。
	7.开始能找到不同汉字中的一些相同部件，发现象形字的象形特征（如"月"的外形像月亮）。	妈妈：啊，这个对对对，然后彼得的椅子，你看"彼"和"得"两个字有什么共同之处？ 幼儿：共同啊，都是这个旁的。 妈妈：这个叫什么？双人旁。 幼儿：双人旁，如果减掉这个就是单人旁。 妈妈：对，然后去掉这个双人旁的话是什么？ 幼儿：波。 妈妈：皮，波是三点水。这个椅子的椅是什么旁？ 幼儿：木字旁。

勾选	具体指标	照片、作品或轶事记录等证明（插入作品）
√	8.开始能根据成人的朗读点指所看到的文字，猜测文字的意义。	妈妈：彼得看到他的婴儿床低声说，低声说什么？（妈妈指字，幼儿读出来） 幼儿：我的小床…… 妈妈：嗯……现在也变成……（妈妈指字，幼儿读出来） 幼儿：粉红色了。
√	9.有初步的与纸笔互动的"书写"经验（初步书写是指孩子拿笔和纸随意涂涂画画）。	
√	10.使用图画、符号、文字等多种形式，创意地表达比较复杂的意思。	幼儿在班级将自己需要完成的任务记录在记录本上。

二、勾出符合本次观察背景的项目

☐ 幼儿发起

☑ 家长发起

☐ 新的绘本

☑ 熟悉的绘本

☐ 独立阅读

☑ 在成人陪伴下阅读

☐ 用时1～5分钟

☐ 用时5～15分钟

☑ 用时15分钟以上

三、观察记录（白描）

（一）阅读前

幼儿坐在妈妈怀里，背靠妈妈胸前，《彼得的椅子》平放在书桌上。

（二）阅读中

1. 封面、扉页、环衬的解读：

幼儿：（拿出《彼得的椅子》）《彼得的椅子》文图美。（家长指，幼儿读文字）

妈妈：艾兹拉。

幼儿：艾兹拉·杰克。

妈妈：季兹。

幼儿：季兹。

妈妈：译。

幼儿：译，孙什么？

妈妈：晴峰，孙晴峰。

幼儿：孙晴峰，明天出版社。

妈妈：明天的"明"字是什么结构啊？你看。

幼儿：日月。

妈妈：日月，对，是左右结构，左边是日，右边是月。

幼儿：然后"天"没有结构。

妈妈：彼得的椅子，你看"彼"和"得"两个字有什么共同之处？

幼儿：都是这个旁的。

妈妈：这个叫什么？双人旁。

幼儿：双人旁，如果减掉这个就是单人旁。

妈妈：这个椅子的椅是什么旁？

幼儿：木字旁。

妈妈：我们先来看一下封面上……

幼儿：它是左右结构，左右结构，左右结构，左右结构。

妈妈：嗯，这个呢？

幼儿：白。

妈妈：勺，勺子的勺。这个是封面，封面上有谁啊？

幼儿：彼得。

妈妈：彼得在干吗呢？

幼儿：叉着腰看着椅子。

妈妈：地上的这个图片是什么？你上次告诉我这是他小时候的照片，我觉得应该是的。

幼儿：嗯。

妈妈：我们来看一下。

幼儿：怎么这么像真的呀！

妈妈：对呀，好立体啊，像趴在那里一样。好，我们来翻开书。这一张像什么样的墙壁啊，有点旧的墙壁是吧？

幼儿：他这一张都是这样破破的。

妈妈：扉页。

幼儿：彼得的椅子。

妈妈：济南，山东济南。（幼儿手指字，妈妈将字读出来）

教师的观察：

对幼儿的观察：幼儿尝试自己阅读封面上的文字，并联系自己的已有经验说出对文字的理解（双人旁，如果减掉这个就是单人旁）。

对家长的观察：家长有意识地引导幼儿观察绘本封面上的文字，并说出文字的偏旁部首。通过家长有意识的引导，幼儿能够举一反三地说出文字的结构（双人旁，如果减掉这个就是单人旁）。

2. 正文的阅读

妈妈（翻到正文第1页）：彼得把手臂尽量往上伸，好了，高高的积木房子搭好了。

幼儿：这么高，我应该没它高。

妈妈：你看看他怎么样，他把手怎样？

幼儿：举到最高。

妈妈：用词要用上尽量，所以他最大限度地把手伸到最高，就是尽量把手往上升……

妈妈（翻到正文第2页）：这个时候他的心情怎么样啊？这是为什么呢？

幼儿：有点不开心啦！是因为觉得妈妈当成他自己搞的，其实是狗搞的。

妈妈：嗯，妈妈误会他了，以为是他搞出的那么大声响，其实是狗狗弄的。

妈妈（翻到正文第3页）：他们把它漆成什么颜色啊？

幼儿：粉红。

妈妈：把摇篮漆成粉红色。这时候他心情怎么样呢？为什么呢？

幼儿：更不开心了，是因为自己的东西被漆成粉色的了，就有点不开心了。他是真的很喜欢蓝色，全部的东西都是蓝色。

妈妈（翻到正文第4页）：这时候彼得怎么说呀？

幼儿：那是我的高脚椅。

妈妈：嗯，彼得小声地说，那是我的高脚椅。这时候他心情怎么样啊？

幼儿：更不开心了一点。

妈妈：对，他第一次看到他的摇篮被漆成粉色就已经有点不开心，这时候看到爸爸把高脚椅也漆成粉色，心情就怎么样？

幼儿：更不开心了。

妈妈（翻到正文第5页）：彼得看到他的婴儿床低声说，低声说什么？（妈妈指字，幼儿读出来）

幼儿：我的小床……

妈妈：嗯……现在也变成……（妈妈指字，幼儿读出来）

幼儿：粉红色了。

妈妈：你看这个"粉色"是什么旁的呀？什么结构的呀？

幼儿：左右结构。

妈妈：左边是什么？

幼儿：米。

妈妈：嗯，右边呢？

幼儿：分。

妈妈：对，"米"和"分"组在一起就是粉字。

妈妈（翻到正文第6页）：他看到唯一一个物件没有被改变，这时候他心情怎么样啊？

幼儿：嗯……激动。

妈妈：激动得就大叫了。我们再看一下，然后他是怎样的？

幼儿：抓起小椅子，跑出自己的房间。（幼儿看绘本文字读出内容）

妈妈：跑回，跑回自己的房间。抓，抓是什么词？是动词，抓起来。跑也是动词。（妈妈抓起幼儿的小脚，帮助幼儿理解"抓"字）

幼儿："抓"也是左右结构。

妈妈：是左右结构没错，左边是提手旁。

幼儿：我说这个"起"。

妈妈："起"不是。他抓起他的小椅子跑回房间。

幼儿："椅"也是左右结构。

妈妈：（翻到正文第7页）我们看看他跑回房间看什么呢？他跑回房间干啥呢？抱起他的小狗，他抱起狗说，说什么来着？

幼儿：我们离家出走吧，威利。（妈妈指字，幼儿读出绘本内容）

妈妈：他对小狗说，我们离家出走吧，威利。他用一个袋子装满了点心和小狗饼干，我们还要带着我的……

幼儿：小椅子。

妈妈：对，蓝色小椅子，还有玩具鳄鱼，还有什么？

幼儿：小时候的照片。

妈妈：一起走。威利怎么样？咬起，嗯，咬起它的骨头。它的狗骨头。

幼儿：这个袋子里是不是又装了小狗饼干和它的零食？

妈妈：对，他说，装进袋子，那应该就是这个袋子了。

幼儿：然后袋子还挺好看的。

妈妈（翻到正文第9页）：嗯，他把带出来的东西放好，就决定坐在他的小椅子上休息一会儿。你看他看着小椅子，他要准备坐下来休息一会儿。翻过来看看，你翻一下。但是，怎么样啊。

幼儿：他太大坐不下。

妈妈：嗯，他坐不进去，他太大了。原来他怎样啊？

幼儿：长大了。

妈妈：这个时候他发现自己长大了。

妈妈（翻到正文第10页）：妈妈走到窗口，伸出头来叫彼得。小彼得，今天午餐有很特别的菜，你要不要回来跟我们一起吃？

幼儿：（指绘本上的"窗"字）上下结构。

妈妈：哪个？窗字啊，它不叫上下结构。嗯，妈妈到时候告诉你它叫什么结构，啊。

妈妈：然后看一下。她说要不要一块吃，彼得和威利假装没有听到，他说，哼，他没听到。不过彼得倒有个好主意，他有啥好主意呢？你看看他叉着腰，哼，他想干吗呢？（妈妈模仿动作）

幼儿（观察绘本中的字）：是上下结构，两个字。

妈妈：装字是上下结构，没错。他干啥呢？他假装自己看看。

幼儿：把鞋子放在那儿，然后自己坐在那个柜子那儿。

妈妈：这会儿心情好一点没有？

幼儿：嗯。他的小嘴唇这样。（幼儿摸嘴唇）

妈妈：他的小嘴唇已经向上扬了是不是？嘴角往上扬。

妈妈（翻到正文第13页）：那彼得坐在大人的椅子上，这次是他自己怎么样啊？

幼儿：说的。

妈妈：嗯，自己提出来要把他的小椅子也漆成粉色，给妹妹坐，这时候他是什么心情呢？

幼儿：已经开心了。

妈妈：为什么他这时候开心？

幼儿：觉得他现在坐不下了，可以给苏西啦。

妈妈：哦——这样子，好的。

幼儿：你看，这不是蓝色对吧？然后这里有粉色，那它漆成粉色，在这里加点蓝色。

妈妈：就更好看。对，要是你的话，你会这样配色吗？

幼儿：我怎么可能喜欢粉色。

妈妈：不是，要是你的东西，假如你有个妹妹，你把椅子漆成粉色，你可以给它配点蓝色吗？

幼儿摇头。

妈妈：所以他跟你一样，他就整个漆成粉色了呀，于是他们就把椅子漆成了粉色。

幼儿：那他怕不怕直接这个漆到最上面，然后妹妹坐下去，屁股上全是。

妈妈：那我猜他肯定会漆完之后晾一晾的吧。

教师的观察：

对幼儿的观察：在绘本的阅读过程中，幼儿根据家长的提示能够举一反三地说出自己看到的文字结构；并且会使用完整的语句表达自己对绘本的理解。（是因为觉得妈妈当成他自己搞的，其实是狗搞的）

对家长的观察：妈妈能够有意识地引导幼儿关注绘本中的文字（"粉"的左边是"米"右边是"分"），并且有意识地和幼儿说明文字的结构，这些都可以帮助幼儿增加词汇量。同时，在绘本的阅读过程中，家长会帮助幼儿理解绘本中的词汇（妈妈抓起幼儿的小脚，帮助幼儿理解"抓"字），并引导幼儿用完整的句子表达自己的想法。

（三）阅读后

妈妈：故事讲完了，那妈妈问你几个问题，彼得是什么时候发现自己长大的呀？

幼儿：是他搬到门外，他说好了，这里很好，然后他想坐下来休息的那个地方。

妈妈：那时候他因为什么发现自己已经长大了？

幼儿：想坐在椅子上，可是坐不下。

妈妈：还有呢？还有什么地方可以发现自己是长大了的呀？

幼儿：他没有坐摇篮，还有他现在已经可以坐大大的椅子了。

妈妈：是的，他现在吃饭的时候也可以坐大人的椅子。那你是什么时候发现你自己已经长大了的呢？

幼儿：小时候我不是天天都看电视吗，我发现有一段时间我就没有再看电视了。

妈妈：那是为什么？

幼儿：长大了，很少看了，就像哥哥一样，有一些任务要做，所以很少看了。

妈妈：你喜欢这本书吗？为什么？

幼儿：嗯……是因为，你看彼得还挺好的，狗狗想吃什么他都带。

妈妈：说明他是一个什么样的孩子？狗狗爱吃的东西他都带。

幼儿：善良的，和我一样的，又有点小调皮。

妈妈：假如是你离家出走，你会给你心爱的小宠物带一些吃的吗？

幼儿：会啊，如果是小猫，我一定带它最喜欢吃的。

妈妈：那你准备给你的小猫带啥呢？

幼儿：鱼。

妈妈：好的，除了这个地方使你喜欢这本书，还有哪些地方让你喜欢这本书？

幼儿翻书，指了一页。

妈妈：这里啊，为什么呢？为什么在这个地方让你喜欢上这本书呢？

幼儿：这只狗想来找他，它也太激动了，都没看见前面有他搭的房子。

妈妈：那说明什么呢？

幼儿：它很激动。然后，你喜欢吗？喜欢哪一页？

妈妈：他和他爸爸一起漆粉色小椅子那一页。

幼儿：我也很喜欢。

妈妈：为什么你也很喜欢这一页呢？

幼儿：是因为他有耐心漆，还有那个景色也好看。

教师的观察：家长引导幼儿对绘本的理解，并联系生活实际让幼儿说出是什么时候发现自己长大了；同时，家长有意识地询问幼儿是否喜欢绘本并引导幼儿说明原因。

中五班《自己的颜色》

姓　　名 <u>袁依洵</u>　　年　　龄 <u>5岁</u>　　　观察者 <u>周睿</u>
阅读地点 <u>沙发</u>　　阅读时长 <u>9分57秒</u>　　日　　期 <u>2022年6月10日</u>

一、观察记录

勾选	具体指标	照片、作品或轶事记录等证明（插入作品）
√	1.能熟练地翻阅图画书，迅速找到成人提到的页面、页码。	幼儿问为什么树枝会变成黄色的，并自己翻到讨论的页面指给妈妈看。
√	2.共读中，会主动观察图画书中主要人物在干什么。	幼儿：（手指着画面上变色龙的表情画圈）我感觉它好伤心啊，它的嘴巴撇了一点。
√	3.根据对图画书的理解，会产生与图画书中的主角相应的情绪和相似的行为，表达对主角的理解和喜好。	妈妈：故事讲完了，你觉得它们以后会很开心吗？ 幼儿：嗯。 妈妈：为什么会很开心啊？ 幼儿：因为它们是一样的，变颜色的。
√	4.能使用丰富的语言较为连贯地叙述图画书中的主要情节，在叙述过程中会较多地使用图画书中的语句。	幼儿：站在柠檬上会变成黄色，在紫色的草丛里会变成紫色。
√	5.能在成人的提示下猜想图画书后面的情节，采用图画或图文方式，仿编、续编图画书情节。	

续　表

勾选	具体指标	照片、作品或轶事记录等证明（插入作品）
√	6.会表达自己是否喜欢所阅读的图画书，并说明原因。	妈妈：你喜不喜欢这本书哇？ 幼儿：喜欢。 妈妈：为什么呀？ 幼儿：因为有许多颜色。
	7.开始能找到不同汉字中的一些相同部件，发现象形字的象形特征（如"月"的外形像月亮）。	
√	8.开始能根据成人的朗读点指所看到的文字，猜测文字的意义。	幼儿指读，金鱼是红色的。
	9.有初步的与纸笔互动的"书写"经验（初步书写是指孩子拿笔和纸随意涂涂画画）。	
	10.使用图画、符号、文字等多种形式，创意地表达比较复杂的意思。	

二、勾出符合本次观察背景的项目

☐ 幼儿发起

☑ 家长发起

☑ 新的绘本

☐ 熟悉的绘本

☐ 独立阅读

☑ 在成人陪伴下阅读

☐ 用时1～5分钟

☑ 用时5～15分钟

☐ 用时15分钟以上

三、观察记录（白描）

（一）阅读前

妈妈和幼儿并排坐在沙发上，绘本放于两人中间。

（二）阅读中

1. 封面的阅读

妈妈（拿出绘本《自己的颜色》）：宝贝，今天我们来学习一本绘本故事，它的名字叫？（眼睛注视幼儿，手指着封面上的文字）叫自己的（停顿）——

（幼儿与妈妈一起朗读）颜色。

妈妈：非常好，那我们看封面上这一只是什么呢？（手在封面的变色龙上画圆）

幼儿：变色龙。（看向妈妈）为什么它没有自己的颜色呢？（皱眉）

妈妈：哦，为什么它没有自己的颜色呢？

幼儿（看向妈妈）：应该它里面有彩色细胞。

教师的观察： 妈妈通过开放式提问鼓励幼儿自己表达对"为什么变色龙没有自己的颜色"的猜测，激发了幼儿对于阅读的兴趣，并大胆表达自己的想法。

2. 正文的阅读

妈妈（朗读正文第1页）：那我们看一下它是怎样找到办法的。（翻页）首先——

幼儿（指读）：鹦鹉是绿色的。小金鱼是红色的。

妈妈：哦，你看到金鱼是红色的，还有呢？（翻页）

幼儿（指读）：大象是灰色的，小猪是（停顿），小猪是——（看向妈妈）

妈妈：粉。

幼儿：小猪是粉红色的。

妈妈：那么你可以发现所有的动物都有自己的——（停顿）

幼儿：颜色，人也有自己的颜色。

妈妈：所有的动物都有自己的颜色，唯独谁没有自己的颜色啊？

幼儿：变色龙。

妈妈：对啦，它们走到哪儿呢，颜色就会随着发生变化，比如说这个变成

什么颜色？（手指向黄色）

幼儿（在每个颜色上画圈）：黄色、绿色、紫色、蓝色。

妈妈：原来它的颜色会一直发生变化，（翻页）这个是什么颜色啊？

幼儿：站在柠檬上会变成黄色（手在对应页面上画圈），在紫色的草丛里会变成紫色。

妈妈：对啦，这种是石楠花丛，是紫色的。

教师的观察：

对家长的观察：妈妈能够对幼儿的讲述进行积极反馈，并在幼儿说出"紫色的草丛"时及时为幼儿拓展经验，这种紫色的草丛是石楠花丛。

对幼儿的观察：幼儿用手在对应的页面图画上画圈，并能够用自己的语言来讲述故事内容。

妈妈（手指画面）：它在干吗呀？

幼儿：站在老虎上面看风景。

妈妈：然后它就变成了——（停顿）

幼儿：老虎色，条纹色。

妈妈：对，变成了像老虎皮毛一样的条纹。有一天，一只站在老虎身上的变色龙对自己说，如果我一直待在叶子上，那我就永远都是绿色的，那我就有自己的颜色了，你觉得它说的对吗？

幼儿（摇头）：变成秋天了怎么办？它会变红。（看向妈妈）

妈妈（看向幼儿）：是的，跟着叶子变成了红色。

幼儿：它也变成了红色，（手指画面上变色龙的表情画圈）我感觉它好伤心啊。

妈妈：它好伤心啊，你看得出它的表情很伤心？

幼儿（点头）：嗯。

妈妈：为什么呢？

幼儿：因为它的嘴巴撇了一点。

妈妈：它的嘴巴扁扁的好像，很不开心，没有笑哈哈的表情。

幼儿（看向妈妈，笑）：笑哈哈是（做出笑的表情）。

妈妈：笑哈哈是（做出大笑的表情）。

幼儿看向妈妈，大笑。

教师的观察：

对家长的观察：妈妈的提问有分析类"你觉得它说的对吗"，鼓励幼儿表达自己的想法，并及时对幼儿进行追问，提问判断变色龙不开心的依据。在说到相关表情时，妈妈用丰富的神态生动表现了情绪，亲子阅读氛围和谐融洽。

对幼儿的观察：幼儿能主动观察页面上变色龙的神态变化，并说出自己的判断理由。

妈妈：这是什么呀？

幼儿：我也不知道。

妈妈：这是一片一片的，就像黑色的——（停顿）

幼儿：巧克力。

妈妈：巧克力一样，其实这是漫长的冬夜，冬天的夜晚，黑漆漆的一片。

幼儿（手指向画面）：它也变成了黑漆漆的。

教师的观察：幼儿及时复述并运用了"黑漆漆"这一词语，丰富了自身词汇。

妈妈：可是当春天来临的时候，它走到了外面一片——（手指画面）

幼儿（手画圈）：一片草丛，里面还有一只变色龙。它的年纪还大一点。

妈妈：它就讲了它自己的伤心的故事，你看它的嘴巴是不是？（手指画面）

幼儿（手指变色龙）：这只好像也不开心。

妈妈：然后它就问道，难道我们就不会有自己的颜色吗？那你能不能帮它回答这个问题啊？

幼儿（点头）：能。这是你们的保护色，你们以前碰到过老虎吗？你们碰到过，你们会不会躲开啊？我知道（手指画面）这些都是你们的保护色。

妈妈：就是说变色龙本身就是会变颜色的对不对？

幼儿：嗯。

妈妈（朗读）：那待在一起会怎么样呢？

幼儿：一起变颜色。

教师的观察：家长的提问类型广泛，能够将表达权交给幼儿，通过"你能不能帮它回答这个问题"的提问让幼儿尝试运用自己的已有经验来解决问题。

（三）阅读后

妈妈：故事讲完了，你觉得它们以后会很开心吗？

幼儿：嗯。

妈妈：为什么会很开心啊？

幼儿：因为它们是一样的，变颜色的。

妈妈：你喜不喜欢这本书唯？

幼儿：喜欢，因为有好多颜色。（手指绘本）

妈妈：你看完这本书之后感觉怎么样呢？

幼儿：很开心，很活泼。

妈妈：为什么你会很开心，因为你看到两只变色龙——

幼儿：它们也很开心。

教师的观察：家长能在阅读后主动与幼儿讨论是否喜欢这本书及其情绪感受。

大一班《风到哪里去了》

姓　名	庹李仕俊（乐乐）	年　龄	6岁	观察者	靳迁迁
阅读地点	客厅	阅读时长	10分15秒	日　期	2022年6月2日

一、观察记录

勾选	具体指标	照片、作品或轶事记录等证明（插入作品）
√	1.能熟练地跟随成人的朗读翻阅图画书，认真观察图画书的画面和文字信息。	在爸爸读完一页后，乐乐可以自己主动翻页。

续　表

勾选	具体指标	照片、作品或轶事记录等证明（插入作品）
	2.会细致观察并理解画面中主角或主要人物的状态，包括动作、表情、姿态等，解释图画书主角或主要人物出现的行为、状态的原因，如情绪、想法等。	
√	3.了解环衬、扉页在图画书中的作用，熟悉图画书的结构，并做出合理的预期（图画书结构：封面、环衬、扉页、正文、封底）。	爸爸问道：这是什么出版社？ 乐乐：明天出版社。
√	4.较为完整、清晰地复述图画书中的内容。	爸爸：那风到哪里去了呢？ 乐乐：风停下来以后，它其实是吹到别的地方，让那儿的树跳舞去了。 后面爸爸采用一问一答角色扮演的方式，乐乐都能较为完整地复述下来。
	5.会对图画书中人物的人格特质进行评价，对图画书所传递的主旨进行初步的思考，表现出对作者意图的认同或质疑，并说出自己的理由。	
√	6.在阅读图画书时经常关注文字，会假装阅读文字来朗读图画书内容。	乐乐在阅读中会通过指读的方式，把绘本中的字读出来。
√	7.在生活和阅读中积极再认已习得的文字。	在阅读中，乐乐会指着字念道：为什么？这个是为什么。
	8.会通过一定的线索（语法线索或部件线索）来猜测字词的含义。	
	9.积累并能够书写一些简单的汉字字形，书写时能逐步统一字的大小和间隔。	
	10.在创意书写中出现利用汉字"同音""形似"等特点进行的书写，能够表达更复杂的内容。	

二、勾出符合本次观察背景的项目

☐ 幼儿发起

☑ 家长发起

☑ 新的绘本

□ 熟悉的绘本

□ 独立阅读

☑ 在成人陪伴下阅读

□ 用时1～5分钟

☑ 用时5～15分钟

□ 用时15分钟以上

三、观察记录（白描）

（一）阅读前

幼儿坐在爸爸旁边，《风到哪里去了》放在书桌上。

（二）阅读中

1. 封面、环衬、扉页的解读

爸爸：（拿出绘本《风到哪里去了》）我们今天给大家分享一本书，书叫什么呀？

乐乐：风到哪里去了。

爸爸：文字是夏洛特·左罗托夫写的，中文是陈丹燕女士写的，出版社是哪个出版社呀？

乐乐：明天出版社。

（爸爸打开扉页，乐乐拍打着自己的腿）

爸爸：你看看这个图片有妈妈带着这个小朋友，有山有水。

教师的观察：

对幼儿的观察：孩子识得绘本上书名的文字，也识得本书的出版社。

对家长的观察：家长能引导幼儿关注书名及出版社，向幼儿介绍封面上的信息，如：作者、出版社。

2. 正文的阅读

爸爸：晚上，爸爸在门廊前给他读了一个什么故事？（乐乐没有回答）现在，他妈妈向他来说晚安喽！（爸爸指着画面）

乐乐：为什么白天不见了呢？

爸爸：这样夜晚才能进来呀。能让你入梦，就是让你睡得很香。

乐乐：可是白天去哪里了呢？

爸爸：白天并没有不见，它只是去别的地方去了。你看，这个太阳换了个什么样子？

（乐乐把爸爸的手拨开，翻到了下一页）

乐乐（爸爸手指了一下字）：风停了又到哪里去了呢？

爸爸：风吹着树，它就这样跳舞，它们在翩翩起舞（爸爸用手画着圈比画着风跳舞的样子）

乐乐：那蒲公英的茸毛会被风吹到哪里去呢？

爸爸：你看，飞到这里来了，这里大片的草地。这一大片的草地，也是开出了黄色的小花，五颜六色的。

乐乐：没有五颜六色的花。（爸爸准备翻页，但是乐乐又翻了回来）

爸爸：有啊，黄色，白色，红色。

乐乐：没有，这是蒲公英，看到没有？（乐乐指着画面，提高了音量）这是小蒲公英的瓣，只有黄色。（乐乐继续读）

教师的观察：当幼儿与家长有不一样的发现时，幼儿敢于大胆表达自己的想法。

乐乐：山到了山顶又到哪里去了呢？

爸爸：下了坡又变成山谷了呀，你看一座一座连绵起伏的。（爸爸用手画出连绵起伏的样子）

（乐乐翻页，爸爸继续阅读，直到故事结束）

教师的观察：

对家长的观察：在阅读中，爸爸会关注幼儿的阅读情况，当幼儿对当前问题没有兴趣翻到下一页时，爸爸也没有阻止，而是跟随幼儿观察到的内容及提出的问题进行阅读。

对幼儿的观察：在阅读过程中能自主翻页，主动观察画面信息，并对自己观察到的信息提出疑问。

（三）阅读后

爸爸：故事讲完了，我们一起画一画蒲公英吧。

教师的观察：阅读后，亲子共同作画，值得表扬。

大三班《田鼠阿佛》

姓　　名　<u>魏亚楠</u>　　年　　龄　<u>6岁</u>　　观察者　<u>黄雯雯</u>

阅读地点　<u>客厅</u>　　阅读时长　<u>6分钟</u>　　日　　期　<u>2022年7月3日</u>

一、观察记录

勾选	具体指标	照片、作品或轶事记录等证明（插入作品）
√	1.能熟练地跟随成人的朗读翻阅图画书，认真观察图画书的画面和文字信息。	楠楠继续翻页朗读。 楠楠：（看着文字和图画朗读绘本）这是正文，这是一面老旧的石墙，以前还有牛来这里吃草，有马儿来这里溜达，但现在……
√	2.会细致观察并理解画面中主角或主要人物的状态，包括动作、表情、姿态等，解释图画书中的主角或主要人物出现的行为、状态的原因，如情绪、想法等。	楠楠：（看着图画和文字朗读）眼看着冬天，他们越来越远，越来越快到了，他们也没时间打闹，爱说爱笑的一天过去了。他们搬这种像玉米一样的东西……

勾选	具体指标	照片、作品或轶事记录等证明（插入作品）
√	3.了解环衬、扉页在图画书中的作用，熟悉图画书的结构，并做出合理的预期（图画书结构：封面、环衬、扉页、正文、封底）。	妈妈：这是什么页？ 楠楠说：这是环衬。 （楠楠翻开扉页） 楠楠：这是扉页。
√	4.较为完整、清晰地复述图画书内容。	楠楠：（看着文字和图画朗读绘本）这是正文，这是一面老旧的石墙，以前还有牛来这里吃草，有马儿来这里溜达，但现在…… 楠楠：（看着图画和文字朗读）眼看着冬天，他们越来越远，越来越快到了，他们也没时间打闹，爱说爱笑的一天过去了。他们搬这种像玉米一样的东西……
	5.会对图画书中人物的人格特质进行评价，对图画书所传递的主旨进行初步的思考，表现出对作者意图的认同或质疑，并说出自己的理由。	
√	6.在阅读图画书时经常关注文字，会假装阅读文字来朗读图画书内容。	楠楠：（看着图画和文字朗读）眼看着冬天，他们越来越远，越来越快到了，他们也没时间打闹，爱说爱笑的一天过去了。他们搬这种像玉米一样的东西……

续　表

勾选	具体指标	照片、作品或轶事记录等证明（插入作品）
√	7.在生活和阅读中积极再认已习得的文字。	楠楠：（看着文字和图画朗读绘本）这是正文，这是一面老旧的石墙，以前还有牛来这里吃草，有马儿来这里溜达，但现在……
	8.会通过一定的线索（语法线索或部件线索）来猜测字词的含义。	
	9.积累并能够书写一些简单的汉字字形，书写时能逐步统一字的大小和间隔。	
	10.在创意书写中出现利用汉字"同音""形似"等特点进行的书写，能够表达更复杂的内容。	

二、勾出符合本次观察背景的项目

☐ 幼儿发起

☑ 家长发起

☐ 新的绘本

☑ 熟悉的绘本

☐ 独立阅读

☑ 在成人陪伴下阅读

☐ 用时1～5分钟

☑ 用时5～15分钟

☐ 用时15分钟以上

三、观察记录（白描）

（一）阅读前

幼儿和妈妈坐在一起，《田鼠阿佛》放在书桌上。

（二）阅读中

1.对封面、环衬、扉页的解读

楠楠（拿出绘本《田鼠阿佛》）：这本书的名字叫《田鼠阿佛》。

（楠楠翻开绘本封面，翻到环衬）

妈妈：这是什么页？

楠楠：这是环衬。

（楠楠翻开扉页）

楠楠：这是扉页。

妈妈（指着文字）：李欧·李奥尼文图，阿甲译。

教师的观察：家长会有意识地引导幼儿认识绘本的结构，也会注意到封面和扉页上的信息；幼儿也能准确说出绘本结构的名称，对绘本结构有了大致的认识。

2. 正文的阅读

楠楠：（看着文字和图画朗读绘本）这是正文，这是一面老旧的石墙，以前还有牛来这里吃草，有马儿来这里溜达，但现在……

楠楠自己翻开下一页。

妈妈和楠楠轮流阅读。

楠楠看着图画和文字朗读："眼看着冬天，他们越来越远，越来越快到了，他们也没时间打闹，爱说爱笑的一天过去了。他们搬这种像玉米一样的东西……"

妈妈：（指着绘本）这是禾秆。

楠楠：搬禾秆之类的，只有一个例外，就是田鼠阿佛（fú）。

妈妈：（纠正读音）是阿佛（fó）。

教师的观察：

对幼儿的观察：幼儿在阅读时会结合文字和画面信息进行朗读。

对家长的观察：提示幼儿不熟悉的文字，纠正不正确的读音。

（三）阅读后

妈妈和楠楠轮流朗读，直至绘本结束。

楠楠：这是最后一页。

妈妈：这叫封底。

楠楠：这叫封底。

教师的观察：家长会告诉幼儿最后一页叫"封底"，帮助幼儿进一步认识绘本结构的名称。

大四班《迟到大王》

姓　　名　陈蔚然　　年　　龄　6岁　　　　观察者　柳莹
阅读地点　卧室　　阅读时长　15分23秒　　日　　期　2022年6月2日

一、观察记录

勾选	具体指标	照片、作品或轶事记录等证明（插入作品）
√	1.能熟练地跟随成人的朗读翻阅图画书，认真观察图画书的画面和文字信息。	幼儿在妈妈的朗读下，能自己翻阅图画书。
√	2.会细致观察并理解画面中主角或主要人物的状态，包括动作、表情、姿态等，解释图画书中主角或主要人物出现的行为、状态的原因，如情绪、想法等。	幼儿能跟着妈妈一起模仿图画书中主角的动作。
	3.了解环衬、扉页在图画书中的作用，熟悉图画书的结构，并做出合理的预期（图画书结构：封面、环衬、扉页、正文、封底）。	
√	4.较为完整、清晰地复述图画书内容。	幼儿能自己主动完整地认读图画书内容。
	5.会对图画书中人物的人格特质进行评价，对图画书所传递的主旨进行初步的思考，表现出对作者意图的认同或质疑，并说出自己的理由。	
√	6.在阅读图画书时经常关注文字，会假装阅读文字来朗读图画书内容。	幼儿能关注图画书上的文字并阅读文字。
	7.在生活和阅读中积极再认已习得的文字。	

勾选	具体指标	照片、作品或轶事记录等证明（插入作品）
	8.会通过一定的线索（语法线索或部件线索）来猜测字词的含义。	
	9.积累并能够书写一些简单的汉字字形，书写时能逐步统一字的大小和间隔。	
	10.在创意书写中出现利用汉字"同音""形似"等特点进行的书写，能够表达更复杂的内容。	

二、勾出符合本次观察背景的项目

☐ 幼儿发起

☑ 家长发起

☑ 新的绘本

☐ 熟悉的绘本

☐ 独立阅读

☑ 在成人陪伴下阅读

☐ 用时1～5分钟

☐ 用时5～15分钟

☑ 用时15分钟以上

三、观察记录（白描）

（一）阅读前

幼儿坐在妈妈的怀里，背靠妈妈胸前，妈妈拿着书《迟到大王》。

（二）阅读中

1. 封面、扉页、环衬的解读

妈妈（拿出绘本《迟到大王》）：这本书叫什么呢？

幼儿：《迟到大王》。（一边用手指点书名一边回答）

妈妈：呀，你在这封面上还看到了什么？

幼儿：一个小幼儿和一个大人，我觉得是老师。

妈妈：他们这里有个桌子对吧（边说边指着封面上的画面）

妈妈：这个名字好搞笑，姓"党"，共产党的"党"，有没有听过别人姓"党"的呀？（妈妈开始介绍书的作者和翻译）

妈妈：妈妈有听过，妈妈有个同事姓"党"。

教师的观察：

对幼儿的观察：能观察、了解封面的书名，关注封面的人物角色并做出猜想，但是对"扉页、环衬、封底"结构还不太了解。

对家长的观察：图书结构的知识渗透比较少，不利于帮助幼儿积累前阅读经验。

2. 正文的阅读

妈妈："我不可以说有鳄鱼的话，也不可以把手套弄丢（边指着书上的文字边念）。

妈妈：是被罚的吗？"

幼儿（小声地念叨）：我不可以……

妈妈（翻到正文第1页）：迟到大王，这个小朋友在干什么呢？

幼儿：走路。

妈妈：他的名字太长了，叫约翰派克罗门麦肯席，哇，这么长的名字呀，1，2，3……9，9个字呀，你的名字有几个字呢？

幼儿：有三个（边指着自己的名字，边数数）

妈妈：你看约翰·派克罗门麦肯席走路去上学，他上学的路上有什么呢？

幼儿：很多树，还有很多屋子，还有鬼屋（比画着画面）

幼儿（翻到正文第2页）：鳄鱼。（这时候幼儿自己翻开下一页）

妈妈：现在怎么样？鳄鱼松开了吗？

幼儿：松开了。

妈妈：为什么松开，那它咬的是什么（指着图片）

幼儿：手套。

妈妈（翻到正文第3页）：遇到老师你觉得他会怎么说？他有没有跟老师道歉呢？

教师的观察：建议可以用开放式提问，激发幼儿的思考和想象。如：你猜老师会对约翰做什么呢？

妈妈：那老师怎么说？你看老师的表情怎么样？（幼儿学着画面中的老师张大嘴巴）

妈妈：罚写三百遍"我不可以说有鳄鱼的话，也不可以把手套弄丢"，咦，这句话是在哪里的？在哪里看到过？

幼儿（翻到正文第4页）：前面（妈妈和幼儿把绘本翻到扉页，带着幼儿回读了一遍文字，幼儿一直数着图片上的文字，其间妈妈打断了一下，幼儿比较抗拒，最后妈妈还是让幼儿数完了）

教师的观察： 妈妈采用回顾指导策略，帮助幼儿强化记忆。

妈妈：那老师不是说附近是没有鳄鱼的嘛，所以是在说谎的呀，他是故意说的是吗？

幼儿：我想看一下……（这时候幼儿很急切地翻了好几页书）

妈妈（翻到正文第5页）：你说在树上会有狮子吗？

幼儿：没有。

妈妈（翻到正文第6页）：这次老师还跳起来了，她是怎么跳起来的？为什么跳起来？（用绘本中的图画来吸引幼儿）

幼儿：不知道，这里。（妈妈自己回答了）

教师的观察： 妈妈提的问题比较多，导致幼儿无法确定他需要回答哪一个问题，建议可以一次提一个问题。

（三）阅读后

妈妈：那是谁不对呀，是老师不对，还是这个小朋友不对？

幼儿：不知道。

妈妈：你觉得呢？

幼儿：老师。

妈妈：老师为什么不对呀？

幼儿：因为狮子是会躲到一些树丛里。

妈妈：那他这样做对不对？那如果你是他的话，你会怎么做呢？

幼儿：去另外的桥。

妈妈依然带着幼儿一起往下读，读完了这本绘本。最后妈妈直接告诉幼儿说：他最后没有迟到了，其实这些都是他想象的，这一路上不会有鳄鱼、狮子、巨浪，他是骗老师的。那如果你迟到的话，你会怎么跟老师说呢？

幼儿：我会跟老师说对不起，我要早点上学。

伴随着妈妈的"要睡觉了"，结束了本次的故事阅读。

教师的观察：妈妈可以带着幼儿回顾一下"约翰·派克罗门麦肯席"遇到的"一些奇怪的事情"和老师对他的态度，让幼儿自己在思考中理解这本书的主旨，而不是直接告诉幼儿。并且幼儿多次表达自己是信任本书中主人公的，但是表达的想法一直被大人否定，然而幼儿的想法更接近这个绘本的主题，所以建议妈妈在带幼儿阅读前，可以先自己阅读，了解绘本的主题，或者认真查看教师所给的绘本导读分析。

大六班《我想去太空》

姓　　名　林路明　　　年　　龄　6岁　　　观察者　林敏慧、李盛

阅读地点　家　　　　　阅读时长　8分　　　日　　期　2022年6月18日

一、观察记录

勾选	具体指标	照片、作品或轶事记录等证明（插入作品）
√	1.能熟练地跟随成人的朗读翻阅图画书，认真观察图画书的画面和文字信息。	路明看着爸爸指向的页面进行绘本阅读。

续 表

勾选	具体指标	照片、作品或轶事记录等证明（插入作品）
√	2.会细致观察并理解画面中主角或主要人物的状态，包括动作、表情、姿态等，解释图画书中的主角或主要人物出现的行为、状态的原因，如情绪、想法等。	路明问爸爸航天员是不是站在圈圈里面转，会不会头很晕，是不是在锻炼。
	3.了解环衬、扉页在图画书中的作用，熟悉图画书的结构，并做出合理的预期（图画书结构：封面、环衬、扉页、正文、封底）。	
	4.较为完整、清晰地复述图画书内容。	
	5.会对图画书中人物的人格特质进行评价，对图画书所传递的主旨进行初步的思考，表现出对作者意图的认同或质疑，并说出自己的理由。	
√	6.在阅读图画书时经常关注文字，会假装阅读文字来朗读图画书内容。	路明在阅读时用手指着文字阅读。

勾选	具体指标	照片、作品或轶事记录等证明（插入作品）
√	7.在生活和阅读中积极再认已习得的文字。	在阅读时说出认识的"张"字。
	8.会通过一定的线索（语法线索或部件线索）来猜测字词的含义。	
	9.积累并能够书写一些简单的汉字字形，书写时能逐步统一字的大小和间隔。	
	10.在创意书写中出现利用汉字"同音""形似"等特点进行的书写，能够表达更复杂的内容。	

二、勾出符合本次观察背景的项目

☑ 幼儿发起

☐ 家长发起

☑ 新的绘本

☐ 熟悉的绘本

☑ 独立阅读

☐ 在成人陪伴下阅读

☐ 用时1～5分钟

☑ 用时5～15分钟

☐ 用时15分钟以上

三、观察记录（白描）

（一）阅读前

本次阅读的绘本是《我想去太空》，这是第一次读这本绘本。

（二）阅读中

1. 对封面的解读

爸：今天我们要讲的故事叫《我想去太空》。你知道吗，我们中国的空间站已经到太空啦？中国第一位在太空中为中小学生上课的人是谁呀？

明：我不知道。

爸：王亚平。他们是不是很棒？他们是英雄。

爸：这本书的作者你知道是谁吗？

明：张……

爸：智慧。

爸：诶，你认识这个"张"字呀。然后里面的绘本是郭丽娟、酒亚光、王亚娴画的。

教师的观察：家长会引导孩子关注封面上书名、作者的信息。当孩子遇到认识的字时，家长及时鼓励孩子。

2. 正文的解读

爸：我国首批航天员选拔标准。你知道成为一个航天员要符合的标准是什么吗？

明：我不知道。

爸：第一个是男性，年龄25～35岁，身高一米六到一米七二，体重55～70千克。你现在多少千克哪？

明：我不知道，因为我现在听不懂爸爸的话。（趴在桌面上）

爸：（继续往下讲）大专以上学历，歼击机、强击机飞行员累计飞行六百小时以上。无不良嗜好，身体健康，意志坚定，有献身精神。有良好的心理相容性等。还有他们要爱国。你看，他们对着国旗发誓，他们是不是很伟大？

明：嗯。（一直举手又放下）

教师的观察：

对幼儿的观察：幼儿遇到自己不懂的内容时，会主动提出，表达自己阅读的难处。

对家长的观察：家长在朗读书中的文字内容，也尝试提出一些问题引起孩子的注意，但是当孩子提出自己遇到的麻烦时，家长却没有过多地关注，帮助孩子解决问题，而是继续自己的阅读。

爸：不过想要飞入太空，他们还是要……（看到路明举手）好，你说。

明：为什么这个楼梯是用书做成的？

爸：楼梯呀，它只是一个画画，它表示我们要学了那么多的书才能成为一个宇航员。体质训练和一般运动员或飞行员的体质训练非常相似。（看到路明举手）好，你说。

教师的观察： 亲子阅读过程中，孩子提问时有举手这个动作，当家长允许孩子说时，孩子才会表达，幼儿处于一个较为被动的阅读状态中。家长可以与孩子处于一个更加舒适、自然、平等的共读状态，让孩子能够表达自己阅读中的想法。

明：这几个人要在这里干吗？

爸：这是一个旋转的设备，他们要在里面转。

明：他们会不会吐？

爸：有可能会吐。所以他们很艰苦。

明：那闭上眼睛不就OK啦？

爸：可能闭上眼睛会好一点儿吧。这个轮对着他绕着这个圆圆的地方转哪转哪转。在这里面，在这个地方，你看被绑住的人在这个里面。这是航天员公认最痛苦的训练，非常痛苦。

明：会非常痛苦啊？

爸：对呀，会恶心，会吐。飞船进入太空后，航天员就要在失重的环境下工作和生活。你看他们都飘起来了是不是？

明：嗯。

爸：他们离这个地球表面有3万米哦。很高很高的是不是？

明：嗯嗯。

爸：然后他们还关在小黑屋里面，要关一个星期，完成很多项工作任务，他们是不是很优秀啊？

明：我觉得他们会害怕。

爸：是的，我也觉得他们会害怕，所以他们为了实现中国人的太空梦想，牺牲了很多，是不是？

明：嗯。

教师的观察： 家长提出了很多"是不是"这样的封闭性问题，绘本内容对孩子来说不是那么易懂，孩子对阅读的兴趣容易降低。所以家长可以尝试让孩子多表达自己看到了，提出疑问，家长再结合绘本解答孩子的疑问。

爸：他们在干什么？

明：把手做敬礼状。

爸：看看这里，专业航天……（路明用手敲桌子）专心一点，专心一点，讲故事的时候你要专心一点，可以吗？航天专业技术训练，你看他们要对接这两个，把它们对接起来。在航行当中要把它们对接起来。在太空中叫作空间交会对接。为什么对接啊？

教师的观察：当幼儿出现与阅读无关的动作时，家长有进行制止，可以采用提问的方式吸引幼儿的注意力，避免直接制止他的行为。

明：就是在开什么东西？

爸：他们在开飞船。

爸：他们要走到外面去，这个外面没有空气，没有空气的。

明：为什么外面没有空气？

爸：因为它离地面太遥远了，离我们地球很遥远。

明：为什么地球有空气，太空就没有空气？

爸：这个问题非常好！地球有空气是因为我们有一个大气，有那个保护。然后还有很多植物会吸收二氧化碳，产生氧气，就产生了大量的氧气。氧气就会供我们人体呼吸。但太空中没有植物，而且它是没有土壤的。

明：那在太空上种植物不就OK了吗？

爸：太空上没有水分那就种不了，然后温度也不适合植物的生长。

明：那火箭上有空气吗？

爸：火箭上我觉得是有的，但是不多。

明：那空气没有了就可能会死掉吧。

爸：所以说他们在里面，他要出来了。你看他从这个航天器里面出来，到太空中行走的时候，他要干什么？要穿很厚很厚的衣服对不对？这衣服是为了保护他的，因为穿上这个衣服紫外线就不会伤害他，然后里面也有空气对不对？飞行程序与任务，从这里发射。这是燃料棒脱落了，脱落之后就变成一个大铁球在上面飞，打开它的这个叫作太阳能电池。打开就可以接收太阳能。

明：这是什么？这里有人坐吗？

爸：对啊。这个是什么东西？

明：这个我觉得是航天器吧。但是这里为什么连着一个管具？

爸：嗯，这个我也不知道哇，你问到了一个点子上，但是爸爸不知道，我们看看这是什么东西啊。这个应该是一个逃生器，逃生的地方啊。

明：怎么逃出来？你说跳下去会不会摔死？

爸：不会，因为它不会很高。我知道了，这是一个紧急撤离防爆电梯，跳下去或者有滑道，他是从这里面滑下来的。

明：从这里跳下去会怎么样？

爸：没事的，你看神舟飞船返回地面时，他们不能按计划返回预定的地点，那就比较危险。他不小心降落到一个草原里面。他要准备绷带敷料、止血带。如果人骨折了，就要用那个打开，就打在人身上，就这样。好了，我们这本书就讲到这里。

教师的观察：

对幼儿的观察：幼儿在阅读中慢慢进行状态，从被动听爸爸讲到主动提出问题，会观察画面，并在爸爸的朗读中进行思考，提出自己觉得困惑的地方。

对家长的观察：当幼儿提出疑问时，爸爸能耐心解答幼儿的疑问，有一些较为生涩难懂的，爸爸也会用幼儿能够听得懂的语言表达出来。

（三）阅读后

教师的观察：家长会引导幼儿表达读完绘本后的感受，但家长的回答过于抽象化，可以这样说：那你可要多吃饭，不挑食，这样才能有棒棒的身体；上课的时候认真听老师说话，学习有用的本领⋯⋯

新蕾湾美园亲子阅读案例

小七班《我永远爱你》

姓　　名　<u>薛懋妍（满满）</u>　年　　龄　<u>4岁</u>　　观察者　<u>江玉琦</u>

阅读地点　<u>卧室桌台</u>　　阅读时长　<u>4分37秒</u>　日　　期　<u>2022年7月23日</u>

一、观察记录

勾选	具体指标	照片、作品或轶事记录等证明（插入作品）
√	1.掌握基本的图画书翻阅规则，爱护图书。	从前几次的阅读中可观察到，幼儿会翻页，爱护图书。

勾选	具体指标	照片、作品或轶事记录等证明（插入作品）
√	2.在空余时间会积极、主动地选择翻阅图画书，会表达自己是否喜欢所阅读的图画书。	幼儿在幼儿园时，会利用餐后时间阅读绘本。
√	3.能用口头语言来叙述图画书的内容，可以清晰、准确指认画面上的物体，描述单个画面上的故事情节。	能自己面对家人简述故事。

勾选	具体指标	照片、作品或轶事记录等证明（插入作品）
√	4.通过封面的阅读能初步了解图画书中的主角，初步感知主角，并猜想故事的情节。	从前几次阅读可见，幼儿能通过封面感知故事，进行猜想。
√	5.在成人的提示下会在生活情境中想起图画书中主角的行为，能够做出与图画书主角相应的动作和表情，并进行简单叙述。	会进行故事演绎，联想到自己和最喜欢的玩偶。

勾选	具体指标	照片、作品或轶事记录等证明（插入作品）
√	6.在生活中关注常见的符号，意识到特定地方的符号具有意义（如门牌、路牌）。	教师观察到幼儿在园时，会关注到问号，并且和同伴讨论符号的意义。
√	7.阅读图画书时关注封面标题（例如：幼儿会用手指点标题）。	幼儿在前几次的阅读中会用手指点标题。

勾选	具体指标	照片、作品或轶事记录等证明（插入作品）
√	8.知道只有文字是成人可以阅读的，会点数汉字，能读出自己名字中的文字。	幼儿在前几次的阅读中会跟妈妈一起点读汉字。
√	9.会以随意的涂鸦和线条"假装"书写。	教师观察到幼儿在园时，会涂涂画画来表达自己的想法。
√	10.会模仿成人的书写，借助画图来表达想法。	教师观察到幼儿在区域分享的时候会介绍自己的图画的内容。

二、勾出符合本次观察背景的项目

☑ 幼儿发起

☐ 家长发起

☐ 新的绘本

☑ 熟悉的绘本

☐ 独立阅读

☑ 在成人陪伴下阅读

☑ 用时1～5分钟

☐ 用时5～15分钟

☐ 用时15分钟以上

三、观察记录（白描）

（一）阅读前

演绎绘本——爸爸朗读旁白，满满扮演角色"阿雅"，妈妈扮演"小男孩儿"，姐姐扮演其他角色并及时提供所需道具。

（二）阅读中

爸爸：（翻到正文第2页）我们一起长大……我最爱把头靠在它暖暖的毛上……

满满、妈妈的手偶互相慢慢靠近，依靠挨在一起。

教师的观察：家长和幼儿会用手偶慢慢靠近的动作表现故事情节，说明孩子已经完全理解该内容，对故事的演绎也很有自己的想法，并能非常贴切地表现出来。

爸爸（翻到正文第5、6页）：小松鼠也喜欢把妈妈的花园弄得一团糟……

满满伸手，模拟小狗爬树追松鼠。

爸爸：有时候，它调皮捣蛋，家人们会很生气。

满满把小狗晃来晃去。

教师的观察：幼儿创造性地使用"墙壁"作为"大树"，利用身边可使用的材料作为辅助，很生动地展现了小狗可爱、调皮的一面。

爸爸（翻到正文第7页）：我越长越高，阿雅却越来越矮……

妈妈手偶慢慢升高，满满手偶慢慢下降。

教师的观察：幼儿会和家长紧密配合，通过非常明显的"升高""下降"的动作对比，展现"我"和阿雅随时间而产生的变化。

（三）阅读后

手偶分别靠近、分离道具，表演故事。

手偶鞠躬，集体谢幕。

教师的观察：从演绎开始到演绎结束，幼儿和家长分工合作，通过动作、语言，甚至细枝末节的变化进行夸张放大，把一本涉及"爱"与"生命""死亡"的绘本变得趣味多多，没有那么沉重、伤感，同时使亲子绘本共读"活灵活现"了起来。演绎的尝试，充分调动了幼儿的创造性，启发了幼儿无限的表演想象，并且让我们有一个新的视角去发现幼儿，去看一看幼儿对绘本的理解。

小八班《棕色的熊、棕色的熊，你在看什么？》

姓　　名	陈瑞	年　　龄	4岁	观察者	王秋月
阅读地点	家中	阅读时长	5分16秒	日　　期	2022年7月4日

一、观察记录

勾选	具体指标	照片、作品或轶事记录等证明（插入作品）
√	1.掌握基本的图画书翻阅规则，爱护图书。	幼儿自己翻页阅读。

勾选	具体指标	照片、作品或轶事记录等证明（插入作品）
√	2.在空余时间会积极、主动地选择翻阅图画书，会表达自己是否喜欢所阅读的图画书。	在自主活动时间，老师观察到幼儿自己在图书角阅读。
√	3.能用口头语言来叙述图画书中的内容，可以清晰、准确地指认画面上的物体，描述单个画面上的故事情节。	幼儿：我看见一只黄色的鹅在看我。 妈妈：那黄色的鹅看到了什么呀？ 妈妈：黄色的鹅、黄色的鹅，你在看什么？ 幼儿：我看见一只白色的兔子在看我。
√	4.通过对封面的阅读能初步了解图画书中的主角，初步感知主角，并猜想故事的情节。	妈妈：这是妈妈根据你喜欢的颜色和喜欢的动物，画了一本小绘本，你想跟我一起读吗？ 幼儿：想。 妈妈：那我们开始阅读吧！首先第一页，你看到了什么动物啊？ 幼儿：蓝色的企鹅。

勾选	具体指标	照片、作品或轶事记录等证明（插入作品）
√	5.在成人的提示下会在生活情境中想起图画书中主角的行为，能够做出与图画书中主角相应的动作和表情，并进行简单叙述。	幼儿：我看见一只红色的蜜蜂在看我。 妈妈：红色的蜜蜂。蜜蜂是怎么叫的？ 幼儿：嗡嗡叫。 妈妈：那你看到红色的蜜蜂了吗？
√	6.在生活中关注常见的符号，意识到特定地方的符号具有意义（如门牌、路牌）。	幼儿能够指认班牌上的数字。
√	7.阅读图画书时关注封面标题。	幼儿用手指点封面上的标题并朗读文字。

勾选	具体指标	照片、作品或轶事记录等证明（插入作品）
√	8.知道只有文字是成人可以阅读的，会点数汉字，能读出自己名字中的文字。	幼儿指认书包柜上的名字。
√	9.会以随意的涂鸦和线条"假装"书写。	幼儿记录书上出现的颜色。
√	10.会模仿成人的书写，借助画图来表达想法。	幼儿的涂鸦作品《小鱼和字母》：在一个天气很晴朗的早晨，小鱼和字母一起做游戏，还有很多人坐着大巴车旅行。

二、勾出符合本次观察背景的项目

☐ 幼儿发起

☑ 家长发起

☐ 新的绘本

☑ 熟悉的绘本

☐ 独立阅读

☑ 在成人陪伴下阅读

☐ 用时1 ~ 5分钟

☑ 用时5 ~ 15分钟

☐ 用时15分钟以上

三、观察记录（白描）

（一）阅读前

妈妈和幼儿坐在桌子前，桌子上平放了绘本和水彩笔、自制图书。

（二）阅读中

片段一：讨论喜欢的动物

（拿出绘本《棕色的熊、棕色的熊，你在看什么？》）

妈妈（翻到正文第9页）：鱼呀，那你为什么喜欢鱼呀？

幼儿：因为它会游泳。

妈妈：那你还记得我们一起看过的书里面的好多种不一样的鱼吗？有不同形状、不同颜色的鱼。

教师的观察： 妈妈的提问能够引起幼儿对以往经验的回忆。

妈妈（翻到正文第5页）：那为什么喜欢青蛙呢？

幼儿：因为它能跳很高，它还会捉害虫。

妈妈：哇，你还记得，给你点赞。

教师的观察： 经验性提问能够让幼儿与妈妈更好地互动，妈妈也可以这样问："你见过小青蛙捉害虫的样子吗？"

片段二：讨论喜欢的颜色

妈妈（翻到蓝色小马那一页）：蓝色很帅呀，那在生活中你喜欢的东西有什么是蓝色的呢？

妈妈：除了蓝莓，还有什么是蓝色的呀？动动脑筋想一想。（翻到正文第6页）

教师的观察：高质量的阅读需要交流和分享，妈妈能够引导幼儿观察身边的事物进行分享。

片段三：阅读自制图画书

教师的观察：通过幼儿和妈妈的对话，可以看出幼儿已经对这本绘本很熟悉了，这个时候妈妈可以把幼儿喜欢的动物和喜欢的颜色进行结合，续编故事。这也是亲子共读的创造性活动，有利于幼儿语言的发展。

幼儿（翻到正文第2页）：我看见一头粉色的牛在看我。

妈妈：蓝色的企鹅说，她看到粉色的牛。那粉色的牛在哪里呢？

幼儿（翻开书）：它的尾巴，这是白色，这是黑色。

幼儿（翻到正文第4页）：小兔子蹦蹦跳跳真可爱。（幼儿一边朗读，一边学着小兔子的动作）

教师的观察：

对家长的观察：妈妈根据幼儿喜欢的小动物，继续使用绘本中"顶针"的手法，平行排列，吸引幼儿的阅读兴趣。

对幼儿的观察：幼儿看到妈妈把他喜欢的小动物制作成了图画书，很崇拜，很开心地跟妈妈一起阅读。

（三）阅读后

妈妈：图上是什么颜色的花？

幼儿：一朵五颜六色的花。

好漂亮啊！

教师的观察：故事结尾部分，家长在扉页画的小花朵蕴含了自制图画书中出现的颜色，能够看出家长很用心地在跟幼儿互动。

中七班《阿虎开窍了》

姓　　名 <u>曹源真</u>　　　年　　龄 <u>5岁</u>　　　观察者 <u>赵淑平、张蕊</u>
阅读地点 <u>客厅</u>　　阅读时长 <u>22分</u>　　　日　　期 <u>2022年5月25日</u>

一、观察记录

勾选	具体指标	照片、作品或轶事记录等证明（插入作品）
	1.能熟练地翻阅图画书，迅速找到成人提到的页面、页码。	
√	2.共读中，会主动观察图画书中主要人物在干什么。	真真：其他的动物们都看书，只有阿虎不会看书。 妈妈：对，她不会读书，这个是读。好，那你说一说，自己读一下。 真真：阿虎不会写字，阿虎不会画画。 妈妈：这个是谁？ 真真：猫头鹰、大象、蛇、鳄鱼。

续　表

勾选	具体指标	照片、作品或轶事记录等证明（插入作品）
√	3.根据对图画书的理解，会产生与主角相应的情绪和相似的行为，表达对主角的理解和喜好。	
	4.能使用丰富的语言较为连贯地叙述图画书中的主要情节，在叙述过程中会较多地使用图画书中的语句。	
√	5.能在成人的提示下猜想图画书后面的情节，采用图画或图文方式，仿编、续编图画书情节。	
√	6.会表达自己是否喜欢所阅读的图画书，并说明原因。	在区域活动时间，老师观察到孩子自己在阅读角看书。
	7.开始能找到不同汉字中的一些相同部件，发现象形字的象形特征(如"月"的外形像月亮）。	

勾选	具体指标	照片、作品或轶事记录等证明（插入作品）
√	8.开始能根据成人的朗读点指所看到的文字，猜测文字的意义。	
√	9.有初步的与纸笔互动的"书写"经验（初步书写是指孩子拿笔和纸随意涂涂画画）。	记录区域计划、积木区的拼搭任务。
	10.使用图画、符号、文字等多种形式，创意地表达比较复杂的意思。	

二、勾出符合本次观察背景的项目

☐ 幼儿发起

☑ 家长发起

☐ 新的绘本

☑ 熟悉的绘本

☐ 独立阅读

☑ 在成人陪伴下阅读

☐ 用时1 ~ 5分钟

☐ 用时5 ~ 15分钟

☑ 用时15分钟以上

三、观察记录（白描）

（一）阅读前

幼儿与家长一起坐在沙发前，绘本《阿虎开窍了》平放在书桌上。

（二）阅读中

1. 封面、扉页的解读

妈妈（拿出绘本《阿虎开窍了》）：这是什么字？（妈妈手指封面）

幼儿：不认识，但有个"日"字。

妈妈：这个是明，日和月组合在一起是"明"。这是明天出版社出版的。

妈妈（翻到扉页）：扉页里有什么？

幼儿：一只趴着的老虎和几行字。

妈妈：这里写的是献给肯·杜威，献给帕米拉、布鲁斯和比利。

教师的观察：幼儿在和妈妈进行阅读中，妈妈重视对封面的内容进行引导，接着以提问的方式和幼儿一起了解出版社，并引导幼儿关注封面和扉页，有利于幼儿养成正确的阅读行为习惯。

2. 正文的阅读

妈妈（翻到正文第1页）：这是什么？它发生了什么事？

幼儿：这是阿虎，它躲在草丛里面，出不来了。

妈妈：你觉得它现在的心情是怎么样的？（指着阿虎的脸）

幼儿：不开心，它的嘴巴是向下弯的。（模仿不开心的样子）

妈妈：阿虎为什么不开心呢？

教师的观察：幼儿在阅读中能积极回应妈妈的提问，妈妈引导幼儿观察图片的细节，当幼儿的目光停留在图片上后，妈妈接着通过提问吸引幼儿兴趣，引发幼儿对后面故事情节的好奇。

妈妈：你看阿虎一家在做什么？

幼儿：阿虎和它的妈妈在趴着，它的爸爸抱着它的妈妈。（幼儿也模仿着阿虎的妈妈趴着）

妈妈：还看到什么不一样的吗？

幼儿：爸爸没有笑，妈妈是笑的。（幼儿指着阿虎的爸爸妈妈说）

妈妈：为什么会这样呢？

教师的观察：幼儿根据对图画书的理解，会产生与主角相应的情绪和相似的行为。

妈妈：你觉得这是什么时候了？仔细观察有什么不一样的地方？

幼儿：是春天，有许多漂亮的花，还有小蝴蝶。

妈妈：你再仔细观察，阿虎有变化吗？

幼儿：阿虎笑了，他的嘴巴是向上弯的。（很开心地用手指着阿虎并用手比画着）

妈妈：阿虎为什么笑了呢？

教师的观察：家长引导幼儿观察角色面部表情等细节，并用提问的方式吸引幼儿的注意力，提升幼儿的观察能力、读图理解能力。建议家长对绘本中反复出现的一些关键词提问幼儿，帮助幼儿理解，如："开窍"是什么意思？

（三）阅读后

妈妈：现在再观察，阿虎一家和之前有什么不一样？

幼儿：它们抱在一起了，都在笑。像我们拍照一样。

妈妈：在绘本里面，你喜欢阿虎爸爸、阿虎妈妈还是阿虎？

真真：阿虎妈妈。

妈妈：为什么喜欢阿虎妈妈啊？

真真：因为阿虎妈妈不盯着阿虎。

妈妈：我喜欢阿虎，虽然阿虎很晚开窍，但是它很认真、一点一点地在学习。但我也喜欢阿虎妈妈和阿虎爸爸，阿虎妈妈给阿虎时间，让阿虎慢慢长大；阿虎爸爸总是在旁边默默关心阿虎。

教师的观察：妈妈在阅读之后，跟幼儿一起讨论绘本中的角色，鼓励幼儿表达自己对角色的喜好，妈妈也表达了自己对每个角色的认识。建议妈妈还可以跟幼儿进行角色表演，模仿阿虎爸爸妈妈的对话，帮助幼儿理解角色情感。

中九班《妈妈，买绿豆》

姓　　名　刘一迪　　　年　　龄　5岁　　　观察者　余婷婷、温柔儿
阅读地点　阳台　　　　阅读时长　16分　　　日　　期　2022年5月10日

一、观察记录

勾选	具体指标	照片、作品或轶事记录等证明（插入作品）
√	1.能熟练地翻阅图画书，迅速找到成人提到的页面、页码。	
√	2.共读中，会主动观察图画书中主要人物在干什么。	
	3.根据对图画书的理解，会产生与主角相应的情绪和相似的行为，表达对主角的理解和喜好。	

勾选	具体指标	照片、作品或轶事记录等证明（插入作品）
	4.能使用丰富的语言较为连贯地叙述图画书中的主要情节，在叙述过程中会较多地使用图画书中的语句。	
√	5.能在成人的提示下猜想图画书后面的情节，采用图画或图文方式，仿编、续编图画书情节。	
	6.会表达自己是否喜欢所阅读的图画书，并说明原因。	
	7.开始能找到不同汉字中的一些相同部件，发现象形字的象形特征(如"月"的外形像月亮）。	
	8.开始能根据成人的朗读点指所看到的文字，猜测文字的意义。	
√	9.有初步的与纸笔互动的"书写"经验（初步书写是指孩子拿笔和纸随意涂涂画画）。	

续　表

勾选	具体指标	照片、作品或轶事记录等证明（插入作品）
√	10.使用图画、符号、文字等多种形式，创意地表达比较复杂的意思。	

二、勾出符合本次观察背景的项目

☐ 幼儿发起

☑ 家长发起

☐ 新的绘本

☑ 熟悉的绘本

☐ 独立阅读

☑ 在成人陪伴下阅读

☐ 用时1～5分钟

☐ 用时5～15分钟

☑ 用时15分钟以上

三、观察记录（白描）

（一）阅读前

妈妈抱着幼儿，《妈妈，买绿豆》的书放在书桌上。

（二）阅读中

妈妈（指着绘本）：两个人买了满满的一大箩筐回去的！一回到家，第一件事你要干吗？

一迪：洗绿豆。

妈妈（翻到绘本对应页）：第一步，我们先洗干净，第二步，我们要先把绿豆泡一下，要把它泡大才能煮。

妈妈（拿着绘本）：你看，妈妈在做菜，他不停地在玩，他为什么一直在厨房呢？

一迪：他是不是想要在厨房帮帮忙啊，比如剥大蒜啊！

教师的观察：对家长的提问，幼儿思考这个小男生是不是想帮忙，比如剥大蒜，但是家长并没有对幼儿的思考给予回应，也没有指导幼儿观察绘本中的内容，即小男孩儿一直在干什么（玩玩具）。家长的这种做法是不利于幼儿在阅读中自主思考的。家长在幼儿发出问题的时候，要给予回应，不能逃避幼儿的问题。

一迪（翻到绘本对应页）：妈妈把菜全部做完了，这下终于可以煮绿豆了。

妈妈：他拿了什么东西给妈妈？是酱油吗？

一迪：应该是白糖，煮绿豆沙是不是要加点白糖？

妈妈：为什么要把这个绿豆泡在水里面，你知道为什么吗？

一迪：不知道。

妈妈：因为那个绿豆沙很烫。然后把这个盆子放到水池里面，泡一会儿绿豆就不烫了。

妈妈：这个吃不完的绿豆沙，我们还可以做什么？她拿着这个模具？

一迪：还可以做冰激凌。

妈妈：做冰激凌上面这里每一格都要放什么呀？

一迪：牙签。

妈妈：为什么？

一迪：难道他要用手拿着吃吗？

一迪：妈妈在擦桌子，他要准备洗碗了。

妈妈：他在洗碗的时候发现了什么？

一迪：掉了一颗绿豆。

妈妈：我们不能浪费啊，还有一颗能干什么？

一迪：我不知道（看了看）有了，拿空瓶子和铲子，去外面挖泥土装到这个瓶子里面去。

教师的观察：家长提出了问题（多出来的绿豆要怎么处理），幼儿一开始不知道要怎么办，所以她自己看了看绘本后续的内容，结合绘本内容提出了对策。幼儿能够根据绘本内容总结出大致内容，说明该幼儿的图片理解能力不错，家长可以多给幼儿自主观察绘本的机会。

妈妈：再把绿豆种下去，会有什么样的变化呢？种在瓶子里需不需要浇水呀？

一迪：每天浇水，绿豆慢慢地发芽啦，冒出一点点芽，长出了两片叶子。

妈妈，你看绿豆发芽啦！

妈妈：绿豆发芽了，绿豆沙也做好了。一边吃一边看着发芽的绿豆。

（三）阅读后

妈妈：今天买绿豆买对了没有？

一迪：买对了。

妈妈：刚才我们买回来那个绿豆是干了哪些事情？

一迪：洗绿豆，然后再给它泡一下。

妈妈：为什么要先泡呢？

一迪：我不知道，但是刚刚把绿豆泡大了，它就容易煮了。

妈妈：这个小小的绿豆又可以吃，又可以养，但是什么季节才可以吃绿豆冰？

一迪：天气热的时候。

妈妈：那为什么冬天不可以吃呢？

一迪：吃了肚子会疼。

妈妈：你看我们今天买的那个绿豆做了好多的事情，还有你把绿豆种出来的过程，你有什么感觉？嗯，你看到那个绿豆一天天长大，发芽，心情怎么样啊？

一迪：开心极了。（妈妈看着一迪问，一迪坐在垫子上一边敲着乐器一边回答）

教师的观察：阅读后，家长与幼儿展开了内容回顾，幼儿不知道为什么要泡绿豆，但是她能得出"把绿豆泡一下就更容易煮了"这一点，说明幼儿的绘本理解能力是很不错的。其次，家长根据生活提问幼儿绿豆冰应该什么时候才可以吃，幼儿可以结合家长的教导以及生活经验得出冬天吃冰激凌会拉肚子。家长在回顾内容环节以及结合生活提问的环节，对于幼儿理解故事内容和把其与生活结合起到重要作用。

大七班《上厕所》

| 姓　　名 | 周晓桂 | 年　　龄 | 6岁 | 观察者 | 王雪茹 |

| 阅读地点 | 卧室 | 阅读时长 | 8分40秒 | 日　　期 | 2022年6月7日 |

一、观察记录

勾选	具体指标	照片、作品或轶事记录等证明（插入作品）
√	1.能熟练地跟随成人的朗读翻阅图画书，认真观察图画书的画面和文字信息。	
√	2.会细致观察并理解画面中主角或主要人物的状态，包括动作、表情、姿态等，解释图画书中主角或主要人物出现的行为、状态的原因，如情绪、想法等。	妈妈：对啊，会被风吹，还会被虫子叮，还会被雨水冲进小河里。 幼儿（双手摆出无奈的动作）：那这样子雨水会咕噜咕噜被污染，小鱼就会晕倒。（做出睡觉的动作）
	3.了解环衬、扉页在图画书中的作用，熟悉图画书的结构，并做出合理的预期（图画书结构：封面、环衬、扉页、正文、封底）。	
√	4.较为完整、清晰地复述图画书内容。	妈妈：嗯……原来他们都是要上厕所，上厕所的时候能不能给别人看哪？ 幼儿：不可以，因为我们有自己的隐私，有男厕所和女厕所，他们这里会有一个门（幼儿一边比画着"门"），然后呢，这里会有一点点缝隙，在他房间根本看不见。

续 表

勾选	具体指标	照片、作品或轶事记录等证明（插入作品）
√	5.会对图画书中人物的人格特质进行评价，对图画书所传递的主旨进行初步的思考，表现出对作者意图的认同或质疑，并说出自己的理由。	幼儿（双手摆出无奈的动作）：那这样子雨水会咕噜咕噜被污染，小鱼就会晕倒。（做出睡觉的动作） 妈妈：真的吗？我们看一看。对喔，他们在不知不觉的时候就把那些…… 幼儿（看图画并做出洗手的动作）：他们的手脏脏的吃东西，他们就会肚子疼，会生病，他们的孩子发烧了，他们的孩子晕倒了（做出晕倒状），他们就没有孩子了。
	6.在阅读图画书时经常关注文字，会假装阅读文字来朗读图画书内容。	
√	7.在生活和阅读中积极再认已习得的文字。	
√	8.会通过一定的线索（语法线索或部件线索）来猜测字词的含义。	妈妈：你看，连皇帝都喜欢坐在马桶上，早早地在会客。 幼儿：皇上……（指着图画上泡泡框的"嗯"）哈哈哈，嗯嗯嗯。
	9.积累并能够书写一些简单的汉字字形，书写时能逐步统一字的大小和间隔。	
	10.在创意书写中出现利用汉字"同音""形似"等特点进行的书写，能够表达更复杂的内容。	

二、勾出符合本次观察背景的项目

☐ 幼儿发起

☑ 家长发起

☑ 新的绘本

☐ 熟悉的绘本

☐ 独立阅读

☑ 在成人陪伴下阅读

☐ 用时1～5分钟

☑ 用时5～15分钟

☐ 用时15分钟以上

三、观察记录（白描）

（一）阅读前

幼儿跟妈妈坐在一起，桌面上平放着《上厕所》这本书。

（二）阅读中

1. 封面的解读

妈妈（拿出绘本《上厕所》，用手指着图片）：你看，这个是谁？

幼儿：小男孩儿。他捂住他的隐私部位要去尿尿。

妈妈：那他的表情是什么样的？

幼儿：他的表情是这样子的。（幼儿说完张大了嘴巴）

妈妈：我们看一看上厕所是要怎么样的哈。（妈妈翻阅）

幼儿：他快憋不住了就在用……

教师的观察：

对幼儿的观察：能熟练地跟随成人的朗读翻阅图画书，认真观察图画书的画面并积极回应家长的提问。

2. 正文的阅读

妈妈（翻到正文第1页，没等孩子说完，指图）：你看你看，他说在很久很久以前，人和动物在树丛里、在山坡上、在小河边，他们是随地大小便的对不对？

教师的观察：幼儿还想表达自己的想法，妈妈急于讲故事便没有耐心倾听幼儿的想法，妈妈可以耐心倾听完幼儿的想法之后再进行故事的讲述，有利于促进亲子间的良好互动，激发幼儿阅读的兴趣。

（翻到正文第5页）

幼儿（双手摆出无奈的动作）：那这样子雨水会咕噜咕噜被污染，小鱼就会晕倒。（做出睡觉的动作）

幼儿（看图画并做出洗手的动作）：他们的手脏脏的吃东西，他们就会肚子疼，会生病。他们的孩子发烧了，他们的孩子晕倒了（做出晕倒状），他们就没有孩子了。

教师的观察：幼儿会细致观察画面中主角或主要人物的状态，包括动作、表情、姿态等，通过表情和动作理解人物（幼儿双手摆出无奈的动作），能较清晰地复述故事。

（翻到正文第14页）

妈妈：你看，连皇帝都喜欢坐在马桶上，早早地在会客。

幼儿：皇上……（指着图画上泡泡框的"嗯"）哈哈哈，嗯嗯嗯。

教师的观察：对幼儿的观察：幼儿会通过书中较明显的字猜测字词的含义。

（翻到正文第21页）

幼儿：我想问你一个问题。

妈妈：嗯，什么问题？（妈妈微笑着看着孩子）

幼儿：就是王老师跟我们说便便排排排，从下水道排到那个过滤水的地方，会排到哪里？

妈妈：我们会有一个污水处理厂的，管道会把那些水引到厂那里去，然后会有专门的机器将它弄干净，再排回大河或大海里，然后我们就可以重复利用了。

教师的观察：

对幼儿的观察：幼儿会将已有经验与书中的内容相结合，提出自己的疑惑，进一步理解故事的内容，了解人们解决问题背后的原因，同时感受厕所的发展史带来的不同变化。

（三）阅读后

（翻到正文第27页）

妈妈：嗯……原来他们都是要上厕所，上厕所的时候能不能给别人看呀？

幼儿：不可以，因为我们有自己的隐私，有男厕所和女厕所，他们这里会有一个门（孩子一边比画着"门"）然后呢，这里会有一点点缝隙，在他房间根本看不见。

妈妈：我们上完厕所一定不能，一定不要忘了什么？

幼儿（做着洗手的动作）：打泡泡七步洗手法，第一步手心搓手心，第二步搓手臂。

教师的观察： 妈妈结合故事内容引发幼儿思考日常生活中息息相关的知识，例如：如何保护自己的隐私部位、七步洗手法等，让幼儿感受绘本给自己带来的价值。

大九班《团圆》

姓　名	何梓谦	年　龄	6岁	观察者	陈静
阅读地点	家中	阅读时长	8分41秒	日　期	2022年6月15日

一、观察记录

勾选	具体指标	照片、作品或轶事记录等证明（插入作品）
√	1.掌握基本的图画书翻阅规则，爱护图书。	幼儿在妈妈指导下自己翻页。

续 表

勾选	具体指标	照片、作品或轶事记录等证明（插入作品）
√	2.能熟练地跟随成人的朗读翻阅图画书，认真观察图画书的画面和文字信息。	
√	3.能用口头语言来叙述图画书中的内容，可以清晰、准确地指认画面上的物体，描述单个画面上的故事情节。	妈妈：原来好运硬币比红包更加美好，对吗？ 幼儿：对呀！ 妈妈：好，那我们继续往下读吧。
√	4.通过封面的阅读能初步了解图画书中的主角，初步感知主角，并猜想故事的情节。	
√	5.在生活中关注常见的符号，意识到特定地方的符号具有意义（如门牌、路牌）。	能指认图标。

续　表

勾选	具体指标	照片、作品或铁事记录等证明（插入作品）
√	6.阅读图画书时关注封面标题。	早餐后和好朋友一起阅读，并能够用手指读。
√	7.知道只有文字是成人可以阅读的，会点数汉字，能读出自己名字中的文字。	
√	8.会以随意的涂鸦和线条"假装"书写。	
√	9.会模仿成人的书写，借助画图来表达想法。	

二、勾出符合本次观察背景的项目

☑ 幼儿发起

☐ 家长发起

☐ 新的绘本

☑ 熟悉的绘本

☐ 独立阅读

☑ 在成人陪伴下阅读

☐ 用时1～5分钟

☑ 用时5～15分钟

☐ 用时15分钟以上

三、观察记录（白描）

（一）阅读前

本次亲子共读时间为8分41秒，阅读的绘本是《团圆》，这是第二次共读这本书。

幼儿和妈妈坐在沙发上，共同拿着书本，为我们讲述绘本《团圆》。幼儿和妈妈把书本竖着拿，封面朝向摄像位置。幼儿用手指了一下封面上的团圆，和妈妈对视一眼。

（二）阅读中

妈妈（翻到正文第4页）：让我们看一下过年还有什么有趣的事情呢？

妈妈翻了一页。

幼儿：吃完中饭，爸爸对我说，走，剪头去，剪了头，明年就会顺顺当当的。我坐在椅子上等爸爸。镜子里的爸爸越来越像以前的爸爸啦！

妈妈（语气有点急促）：为什么镜子里的爸爸像以前的爸爸呢？

幼儿：因为，他爸爸的头发长长了，剪一下，就跟之前爸爸的头发一样啦。

妈妈：哦，原来是这样。继续往下读吧。

幼儿翻了一页。

教师的观察：

对幼儿的观察：幼儿能够结合自己的生活经验去解读情节。

对家长的观察：家长将绘本情节与幼儿生活经验结合进行提问，这个能够促进幼儿认知的发展。但在提问中要注意语气，语气需要较抑扬顿挫一些，有利于提升幼儿回答意愿。

（翻到正文第16、17页）

妈妈：为什么他说不啊，为什么他不开心？

幼儿：因为他要把一个东西给爸爸。

妈妈：这个是什么东西呢？我们看看他给爸爸什么东西？

（三）阅读后

幼儿：我把这枚暖暖的硬币放在了爸爸的手心里。爸爸，下次还要把这个包在汤圆里哦！爸爸没说话，重重地点了点头。

教师的观察：

对幼儿的观察：幼儿能够对文字进行点读，并且能够根据自己的理解来猜测人物行为、情绪的原因。

对家长的观察：家长能够对孩子提出关于情节理解的问题，帮助孩子加深对情节的认识和理解。但绘本中没有明确提到人物的情绪，容易误导孩子对人物情绪的理解。

新蕾海城园亲子阅读案例

小一班《母鸡萝丝去散步》

姓　　名　史娅可　　　年　　龄　4岁　　　观察者　覃雪芳
阅读地点　家里　　　阅读时长　12分28秒　　日　　期　2022年6月5日

一、观察记录

勾选	具体指标	照片、作品或轶事记录等证明（插入作品）
√	1.掌握基本的图画书翻阅规则，爱护图书。	孩子自己翻阅图书。
√	2.在空余时间会积极、主动地选择翻阅图画书，会表达自己是否喜欢所阅读的图画书。	这本书是《猜猜我有多爱你》，因为我跟爸爸表演过这个故事，所以我很喜欢。

续 表

勾选	具体指标	照片、作品或轶事记录等证明（插入作品）
√	3.能用口头语言来叙述图画书的内容，可以清晰、准确地指认画面上的物体，描述单个画面上的故事情节。	
√	4.通过封面的阅读能初步了解图画书中的主角，初步感知主角，并猜想故事的情节。	
√	5.在成人的提示下会在生活情境中想起图画书中主角的行为，能够做出与图画书主角相应的动作和表情，并进行简单叙述。	这是《母鸡萝丝去散步》绘本中的母鸡。
√	6.在生活中关注常见的符号，意识到特定地方的符号具有意义（如门牌、路牌）。	在幼儿园幼儿自己发现楼梯间特定的符号：保持一米距离。

勾选	具体指标	照片、作品或轶事记录等证明（插入作品）
√	7.阅读图画书时关注封面标题（例如：幼儿会用手指点标题）。	在幼儿园，幼儿自主指读绘本中的文字。
√	8.知道只有文字是成人可以阅读的，会点数汉字，能读出自己名字中的文字。	妈妈，这是快乐的"快"字（其他绘本）。
√	9.会以随意的涂鸦和线条"假装"书写。	在家里看完绘本，幼儿主动要求书写。
√	10.会模仿成人的书写，借助画图来表达想法。	

二、勾出符合本次观察背景的项目

☐ 幼儿发起

☑ 家长发起

☑ 新的绘本

☐ 熟悉的绘本

☐ 独立阅读

☑ 在成人陪伴下阅读

☐ 用时1～5分钟

☑ 用时5～15分钟

☐ 用时15分钟以上

三、观察记录（白描）

（一）阅读前

幼儿和妈妈坐在一起，《母鸡萝丝去散步》放在书桌上。

（二）阅读中

1. 封面、扉页、环衬的解读

（拿出绘本《母鸡萝丝去散步》）

妈妈：这本书的名字叫什么？

幼儿：母鸡萝丝去散步。（幼儿看着封面跟妈妈一起说出绘本名称）

妈妈：你什么时候散过步？

幼儿：在幼儿园跟老师一起。

妈妈：是快速跑的还是慢慢走？（家长用手做了一个跑的动作）

（幼儿翻开绘本）幼儿：慢慢走。

妈妈：这是什么出版社？

幼儿：明天出版社。（直接读出来）

（妈妈又指着封面上的翻译作者介绍了一下，告诉幼儿翻译的人都是中国人）

（翻到扉页）

妈妈：看一下扉页，母鸡住在？

幼儿：鸡窝。（手指着图画）

（翻到环衬）

妈妈：我们一起来看一看。

妈妈：献给温蒂和史蒂芬。（妈妈手指着）

教师的观察：

对幼儿的观察：能自己思考，回答妈妈提出的每一个问题，会通过画面寻找问题的答案，对于该绘本有一定的阅读经验，能直接说出故事的名称和出版社。

对家长的观察：能引导幼儿关注封面、出版社、环衬、作者、译者，有利于幼儿阅读习惯的养成和了解书的结构，而且提出的问题都是有关于生活经验的（散步是快速跑的还是慢慢走）。

2. 正文的阅读

妈妈（翻到正文第1页）：母鸡萝丝去散步，它在哪里？（妈妈用手指着鸡笼）

幼儿：鸡笼的底下。（妈妈和幼儿一起翻阅书）

妈妈：而且它的舌头？（幼儿做了一个狐狸吐舌头的动作）

（幼儿边说边准备翻到下一页，把第二页折了一下）

妈妈：不能这样翻书，把书角翻起来，给它翻页。（幼儿尝试正确的翻书方法）

（翻到正文第2页）

（幼儿看到画面，张大嘴巴对着妈妈做了一个惊讶的表情，发出"噢哦"的声音）

妈妈：怎么啦？

幼儿：狐狸撞到耙子了。

教师的观察：

对幼儿的观察：幼儿会观察图画的重点回答妈妈的问题，并且尝试自己翻页。

对家长的观察：指导中家长的语气语调会跟着主角发生变化，能让幼儿更好地投入故事当中。在幼儿用错误的姿势翻页时及时地纠正。

（翻到正文第3页）

妈妈：绕过池塘（妈妈指读），谁绕过池塘？

幼儿：母鸡萝丝。

幼儿：后面很好笑。（幼儿眼睛一亮，看着妈妈翻阅到下一页）

教师的观察：幼儿看过这本绘本，有前期经验，所以能猜想下一页的结局，而对于这一页她的印象最深刻。

（翻到正文第4页）

（幼儿惊讶地看着狐狸吐着舌头发出"哇"的声音）

幼儿：掉进水塘里了。

妈妈：你觉得他们俩会是什么关系？（妈妈翻到下一页）

（翻到正文第5页）

幼儿：我也不知道。

妈妈：什么关系会吓唬他？

幼儿：狐狸想和他交朋友。

（翻到正文第6页）

妈妈：越过干草堆。（指读文字，幼儿跟着一起再读一遍）

妈妈：山羊在看哪里？（幼儿手指母鸡和狐狸）

（翻到正文第7页）

妈妈：狐狸到底有什么想法？为什么跟着他？（幼儿眼睛睁大指着狐狸）

教师的观察：幼儿会因为绘本中的画面感到惊讶，眼睛也会跟随着妈妈的手指。家长一直在引导幼儿了解狐狸和母鸡的关系，在阅读当中会指读每一页绘本的文字。

（翻到正文第8页）

妈妈：经过磨坊，这是什么？（妈妈指着面粉）

幼儿：吊牌。（一只手撑着下巴，观察着画面）

妈妈：这儿写着面粉（指读），这是钩子，这根线绕到哪里去啦？

幼儿：绳子拉拉拉就会拽下来。（手指着绳子说）

（翻到正文第9页）

妈妈：发生什么事啦？

幼儿：变成面粉团狐狸。

（翻到正文第10页）

妈妈：狐狸为什么要从这里跳过去？

幼儿：因为门太小了。（妈妈翻到下一页）

（翻到正文第11页）

妈妈：结果跳到哪里去啦？

幼儿：跳车上去了。

妈妈：狐狸本来想跳到哪里去呀？（幼儿用手指着地面）

（翻到正文第12页）

幼儿：这是一个斜坡。（思考了几秒）

妈妈：观察得很仔细（妈妈伸出大拇指），这是个斜坡，就会溜下来。

（翻到正文第13页）

幼儿：一堆蜜蜂。（手指跟随蜜蜂的路线）

妈妈：这是什么形状。

幼儿：海浪形状。

（翻到正文第14页）

妈妈：母鸡走到哪儿啦？

幼儿：走到家。

妈妈：按时回家吃晚饭。

教师的观察：

对幼儿的观察：幼儿会根据妈妈的提问找到答案（并且手指跟着画面找到线索），自主发现了"波浪线"和"斜坡"。

对家长的观察：家长在每一页都会引导幼儿自己观察发生了什么事，当幼儿说错了内容也会及时地纠正（面粉），对于幼儿主动观察到的线索给予及时的鼓励（观察得很仔细）。

（三）阅读后

妈妈：到底狐狸和母鸡是什么关系？

幼儿：我也不知道。（疑惑的表情）

妈妈：他们是好朋友关系，还是陌生人关系，还是狐狸想干坏事的关系？

幼儿：狐狸想干坏事。

妈妈：你在哪里看出来狐狸想干坏事？

幼儿：吓唬它。（幼儿翻到第2页做了狐狸手的动作）

教师的观察：家长在最后通过语言的指引，让幼儿知道了狐狸和母鸡的关系。幼儿自己翻阅到第2页，加深了对狐狸想干坏事的认识。妈妈的引导语能很快地让幼儿理解故事的内容。

小二班《猴子捞月》

姓　　名　<u>苏思如</u>　　年　　龄　<u>4岁</u>　　　　观察者　<u>崔冬媚</u>

阅读地点　<u>家里</u>　　阅读时长　<u>10分29秒</u>　　日　　期　<u>2022年7月13日</u>

一、观察记录

勾选	具体指标	照片、作品或轶事记录等证明（插入作品）
√	1.掌握基本的图画书翻阅规则，爱护图书。	共读中由幼儿自己翻图画书。
√	2.在空余时间会积极、主动地选择翻阅图画书，会表达自己是否喜欢所阅读的图画书。	在家幼儿会主动选择图画书进行阅读。
√	3.能用口头语言来叙述图画书中的内容，可以清晰、准确地指认画面上的物体，描述单个画面上的故事情节。	幼儿：山洞里有三只猴子。

勾选	具体指标	照片、作品或轶事记录等证明（插入作品）
√	4.通过封面的阅读能初步了解图画书中的主角，初步感知主角，并猜想故事的情节。	幼儿：猴子捞月。 幼儿：作者张俊杰。
√	5.在成人的提示下会在生活情境中想起图画书中主角的行为，能够做出与图画书中主角相应的动作和表情，并进行简单叙述。	幼儿会与妈妈模仿猴子捞月亮的动作。
√	6.在生活中关注常见的符号，意识到特定地方的符号具有意义（如门牌、路牌）。	幼儿在海边公园指认标志，知道这个标志是不能下到海边。
√	7.阅读图画书时关注封面标题（例如幼儿会用手指点标题）。	与妈妈共读时，幼儿可以指出封面作者的名字。
	8.知道只有文字是成人可以阅读的，会点数汉字，能读出自己名字中的文字。	
√	9.会以随意的涂鸦和线条"假装"书写。	幼儿说是在沙滩上玩。

续 表

勾选	具体指标	照片、作品或轶事记录等证明（插入作品）
√	10.会模仿成人的书写，借助画图来表达想法。	阅读后画月亮。

二、勾出符合本次观察背景的项目

☐ 幼儿发起

☑ 家长发起

☐ 新的绘本

☑ 熟悉的绘本

☐ 独立阅读

☑ 在成人陪伴下阅读

☐ 用时1～5分钟

☑ 用时5～15分钟

☐ 用时15分钟以上

三、观察记录（白描）

（一）阅读前

幼儿和妈妈并排坐在椅子上，《猴子捞月》放在桌子上。

（二）阅读中

1. 封面、扉页、环衬的解读

（拿出绘本《猴子捞月》）

幼儿（看着封面说）：猴子捞月。

妈妈：绘本的作者是？

幼儿（迟疑了）：张——

幼儿：张俊杰。（妈妈手指着作者名字）

妈妈：张俊杰，太棒了！（竖起了大拇指）这是什么出版社？

（幼儿摇头）

妈妈：明，明天出版社。

幼儿：明天出版社。（妈妈指着出版社名字）

幼儿：为什么是明天？

妈妈：出版社的名字叫明天。（想翻页，马上中断）请你翻书吧！

妈妈：这是书的封面、环衬、扉页。（拿走了孩子手上拿着的玩具）

教师的观察： 妈妈能够用肢体语言（竖起大拇指）给予幼儿肯定，引导幼儿关注封面信息（作者、书名、出版社），并告诉幼儿书的环衬和封面，这有助于幼儿了解书的结构，尝试让幼儿自主翻页，并及时拿走了幼儿举过头顶的玩具。激发幼儿阅读兴趣的同时，注重养成良好的阅读习惯。

2. 正文的阅读

（翻到正文第1、2页）

幼儿：这里有很多山，猴子也觉得山洞黑黑的。

幼儿：猴子在山洞里黑不溜秋的。

幼儿：黑黑的，它们想把月亮搬到它们家里。

妈妈：它们要收集又大又亮的东西。我们家有没有这样的东西？

幼儿：嗯，也有，是灯。（孩子看了看天花板）

（翻到正文第3、4页）

幼儿：好圆好大的月亮。

妈妈：翻到这页，感觉我们这里都亮了。

（翻到正文第5、6页）

幼儿：它们在走上山，像在平地走路一样。

妈妈：对猴子来说爬山不是一件难事。

幼儿：它们爬到山上，然后它们滚下来了。（幼儿着急想翻到下一页，妈妈阻止了幼儿）

妈妈：猴子在高高的地方站不稳，左晃右晃，掉了下来。（妈妈抱着幼儿

做出左摇右晃的动作）

（翻到正文第7、8页）

幼儿：树上有一只，水里有一只，草里有一只。（幼儿认真观察画面）

幼儿：水潭里。（幼儿指着画面）

妈妈：月亮在哪里呢？

幼儿；这里。（幼儿指了指画面中水里的月亮）

（翻到正文第9页）

幼儿：我看到了猴子要拿这个（葫芦瓢）把月亮捞出来。

妈妈：它们是怎么捞的呢？

幼儿：它们挂在树上面。

幼儿：在捞月亮。

妈妈：平时我们还看到什么是一串一串的呢？

幼儿：项链、灯条。

教师的观察：这次的阅读幼儿非常投入，会认真观察画面信息，同时也能通过语言、动作，表现故事人物的动作、表情，描述画面的信息。阅读时，妈妈还会联系幼儿的生活经验与幼儿讨论书中的内容。

（翻到正文第10~13页）

妈妈：小猴子为什么跳起来？

幼儿：开心啊，因为捞到月亮了。

妈妈：那猴子伤不伤心？

幼儿：伤心。

幼儿：你看月亮跑回天上去了。（幼儿指出月亮的位置）

教师的观察：对幼儿的回答，妈妈会及时回应，并给予肯定，又引导孩子观察绘本。同时阅读后，幼儿还能表达自己的想法和看法，这样能够更好地激发幼儿的兴趣，增加亲子间互动、建立情感连接，让幼儿更好地投入绘本阅读中。

（三）阅读后

教师的观察：本次共读中，没有进行后环衬的阅读。但在阅读后，妈妈引导幼儿画了一幅与绘本相关的画，有圆圆的月亮和黑黑的山洞。

中一班《三只山羊嘎啦嘎啦》

姓　　名　<u>韩哲宇</u>　　　年　　龄　<u>5岁</u>　　　观察者　<u>王婷婷</u>
阅读地点　<u>客厅</u>　　　阅读时长　<u>7分钟</u>　　　日　　期　<u>2022年6月5日</u>

一、观察记录

勾选	具体指标	照片、作品或轶事记录等证明（插入作品）
√	1.能熟练地翻阅图画书，迅速找到成人提到的页面、页码。	绘本大多数时间由孩子来翻阅。
√	2.共读中，会主动观察图画书中主要人物在干什么。	哲宇指着画面说："他们还没发现这个底下有个山怪。"
√	3.根据对图画书的理解，会产生与主角相应的情绪和相似的行为，表达对主角的理解和喜好。	当妈妈讲到"我正想把你一口吃掉"时，哲宇做出假装要抓妈妈的动作。

勾选	具体指标	照片、作品或轶事记录等证明（插入作品）
	4.能使用丰富的语言较为连贯地叙述图画书中的主要情节，在叙述过程中会较多地使用图画书中的语句。	
	5.能在成人的提示下猜想图画书后面的情节，采用图画或图文方式，仿编、续编图画书情节。	
	6.会表达自己是否喜欢所阅读的图画书，并说明原因。	
	7.开始能找到不同汉字中的一些相同部件，发现象形字的象形特征（如"月"的外形像月亮）。	
	8.开始能根据成人的朗读点指所看到的文字，猜测文字的意义。	
	9.有初步的与纸笔互动的"书写"经验（初步书写是指孩子拿笔和纸随意涂涂画画）。	
	10.使用图画、符号、文字等多种形式，创意地表达比较复杂的意思。	

二、勾出符合本次观察背景的项目

☑ 幼儿发起

☐ 家长发起

☑ 新的绘本

☐ 熟悉的绘本

☐ 独立阅读

☑ 在成人陪伴下阅读

☐ 用时1～5分钟

☑ 用时5～15分钟

☐ 用时15分钟以上

三、观察记录（白描）

（一）阅读前

哲宇和妈妈并排坐着，《三只山羊嘎啦嘎啦》的绘本放在两人中间。

（二）阅读中

1. 封面、扉页、环衬的解读

哲宇：让我来讲上面，你来讲下面。

妈妈：好，开始吧。

哲宇：三只山羊。（幼儿点读绘本名称前四个字）

妈妈：嘎啦嘎啦、图上有几只羊？

哲宇：一、二、三，有三只羊。（幼儿一边数一边说）

妈妈：它们在做什么？

哲宇：爬桥。

妈妈：是过桥。

妈妈（指着环衬）：我们看到的是什么？山坡上好多只羊，对不对？

当翻到扉页时，哲宇指着绘本名称说：三只山羊嘎啦嘎啦。

妈妈：整理/P.C.阿斯别约恩森，图/玛夏·布朗，译/熊春、蒲蒲兰。

妈妈又指着扉页画面问：这些山羊在干什么？

哲宇：吃草，它们要喂胖一点儿。（哲宇回答完着急地翻到绘本第1页。）

教师的观察：

对幼儿的观察：幼儿在亲子阅读中较为积极，主动要求和妈妈一起阅读绘本，当妈妈在介绍扉页中的作者和出版社时，幼儿能专注地观察扉页中的画面内容，也能积极回应家长的提问。

对家长的观察：家长能引导幼儿关注封面信息（绘本名称和封面画面），在读绘本名称的时候，封面上的名称是幼儿读前半句，家长读后半句，当读到扉页上的绘本名称时，家长会耐心等待幼儿完整地介绍绘本名称。在介绍封面、环衬和扉页时，家长没有清晰地向幼儿介绍绘本这几部分的名称，在以后的阅读中，家长可以这样说："这是绘本的封面，这是绘本的环衬，这是绘本的扉页……"这样更有助于幼儿了解书的结构。

2. 正文的阅读

（翻到正文第1页）

妈妈：很久很久以前，有三只山羊，名字都叫嘎啦嘎啦，它们要到山坡上去吃草，它们是不是准备出发了？

哲宇：对。（妈妈一边讲，哲宇一边观察画面，并用手指点数画面中的山羊数量）

哲宇（哲宇将书翻到第2页又翻回来指着画面）：这只羊的名字叫嘎、啦、嘎、啦。（哲宇讲完翻回到第2页）

教师的观察：在妈妈讲故事的过程中，幼儿注意力非常集中，主动观察画面内容，当妈妈讲到"有三只山羊"时，幼儿还会进行点数验证，但幼儿在说完"这只羊的名字叫嘎啦嘎啦"时，明显在思考，但又不知如何表达，所以直接翻去下一页，这时妈妈可以问："是呀，这只山羊叫嘎啦嘎啦，另外两只山羊叫什么名字呢？"可以就故事内容进行提问，一是加强幼儿对故事的理解，二是引导幼儿将自己想说的或者想问的表达出来。

（翻到正文第2页）

妈妈：河上只有一座桥。

哲宇：因为它们还没发现这底下还有一只山怪。（一边说一边用手指着画面中山怪的位置）

妈妈：哦，有个山怪呀，我看看。（幼儿想要翻书，妈妈制止）

妈妈：它的眼睛像盘子一样大。（哲宇两只手在眼睛的位置比画了一下）

妈妈：鼻子有拔火罐那么长。（讲完后，哲宇急切地翻书）

教师的观察：幼儿想尝试自己翻书，妈妈按住他的手进行阻止，强行阻止可能会让幼儿失去阅读兴趣，妈妈可以通过提问来转移幼儿的注意力，可以说："等这一页看完了，你就来帮我翻页，好吗？"通过行为延迟来满足幼儿的意愿，对于激发幼儿持续的阅读兴趣是有帮助的。

（翻到正文第3页）

妈妈：最小的山羊嘎啦嘎啦最先走上桥来，吱呀——吱呀——吱呀。（妈妈一边讲一边指读文字）

教师的观察：为了加强幼儿对三只山羊不同体型的了解，家长可以提问幼儿："这只山羊在过桥的时候发出了什么样的声音？"

（翻到正文第4页）

妈妈：是吗？那我正想把你一口吃掉。（幼儿露齿而笑，眼睛闪闪发亮，将两只手举起，做出山怪要吃山羊的动作）

（翻到正文第5页）

妈妈：这只小山羊嘎啦嘎啦，它感觉很什么？

哲宇：很惊讶。

妈妈：很惊讶，很害怕。

哲宇：你看它的眼睛。（哲宇指着画面中山羊的眼睛）

妈妈：都呈现了蓝色。（妈妈继续往下讲）

妈妈：第二只山羊嘎啦嘎啦就来了。

哲宇：它的个头比我大呢！

妈妈：那好，你快滚吧！（哲宇做着翻滚的动作离开妈妈又回来）

教师的观察：家长在问幼儿山羊当时的情绪时，家长进行追问："它的眼睛怎么啦？"引导幼儿细致地观察画面，并用完整的语句进行表达。

（翻到正文第6页）

妈妈：第二只山羊走上了桥，嘎吱，嘎吱，嘎吱。

（翻到正文第7页）

妈妈：我要去山坡上吃胖一点儿。

哲宇：是吗？我正想把你吃掉。（哲宇一边说一边搂住妈妈的脖子假装咬上去）

（翻到正文第8页）

妈妈：山怪怎么说的？

哲宇：好，快滚吧。（幼儿笑着）你又忘记了。

妈妈微笑着看着幼儿。

教师的观察：妈妈刻意的留白，让幼儿再现绘本中重复的对话，进行角色对话，有助于幼儿熟悉故事内容，也能激发幼儿持续阅读的兴趣。

（翻到正文第9、10页）

妈妈：就在这个时候，大山羊过来了，吱吱嘎——吱吱嘎。（哲宇模仿大山羊过桥的动作，手脚着地走动）

教师的观察：这时候家长可以问问幼儿。"三只山羊过桥时发出的声响一样吗？都是怎么样的？为什么？"

（翻到正文第11页）

妈妈：我有两把弯刀正好刺穿你的眼睛。（哲宇站着抬起一只脚就要踩上绘本，妈妈制止）

哲宇：早就知道啦，在这儿。（哲宇用脚指着画面中大山羊的角）

妈妈：那是它的什么呀？

哲宇：刀啊。（哲宇将手从头上甩下来）

妈妈：那是山羊头上的什么？

哲宇：就是一个刀，什么都可以砍掉，除非大怪兽不可以砍掉。

妈妈：哦，这是它的犄角，那它两条巨大的石锤是什么？

哲宇：巨大的石锤？

妈妈：是它的蹄子。（妈妈一边讲，一边摸了摸哲宇的腿）

（翻到正文第12页）

妈妈：大山羊用犄角刺穿了山怪的眼睛。（哲宇用头顶向妈妈的头）

（翻到正文第13页）

妈妈：大山羊也爬上了山坡，它们在山坡上愉快地奔跑。

（翻到正文第14页）

妈妈：三只山羊越吃越胖，它们胖得实在走不动了，如果那些肥肉还没掉下来的话，它们现在肯定还更胖。

教师的观察：在故事的最后，家长可以引导幼儿猜测三只山羊后续的生活，初步进行故事的续编，既能激发幼儿的想象力、创造力，也更能吸引幼儿对阅读的兴趣。

（三）阅读后

妈妈：这个故事告诉我们遇到困难的时候要勇敢面对，像大山羊一样，我们还要机智一点，像小山羊和第二只山羊一样。（妈妈仰头看着哲宇，哲宇站着来回走动，多次想要离开，妈妈制止，直到妈妈讲完）

教师的观察：家长可以引导孩子关注环衬和封底的相关信息，这对于幼儿了解书本的结构很有帮助。

中二班《肚子里有个火车站》

姓　　名 <u>王昕辰</u>　年　　龄 <u>5岁</u>　　观察者 <u>黄伟华</u>

阅读地点 <u>客厅</u>　　阅读时长 <u>16分11秒</u>　日　　期 <u>2022年6月4日</u>

一、观察记录

勾选	具体指标	照片、作品或轶事记录等证明（插入作品）
√	1.能熟练地翻阅图画书，迅速找到成人提到的页面、页码。	孩子在爸爸的指导下自己翻页。
√	2.共读中，会主动观察图画书中主要人物在干什么。	爸爸：你猜它们在干什么？ 幼儿：有的拿铲子、有的拿水管……
√	3.根据对图画书的理解，会产生与主角相应的情绪和相似的行为，表达对主角的理解和喜好。	幼儿学绘本中小精灵的动作："罢工！罢工！"

勾选	具体指标	照片、作品或轶事记录等证明（插入作品）
	4.能使用丰富的语言较为连贯地叙述图画书中的主要情节，在叙述过程中会较多地使用图画书中的语句。	
	5.能在成人的提示下猜想图画书后面的情节，采用图画或图文方式，仿编、续编图画书情节。	
	6.会表达自己是否喜欢所阅读的图画书，并说明原因。	
	7.开始能找到不同汉字中的一些相同部件，发现象形字的象形特征（如"月"的外形像月亮）。	
	8.开始能根据成人的朗读点指所看到的文字，猜测文字的意义。	
	9.有初步的与纸笔互动的"书写"经验（初步书写是指孩子拿笔和纸随意涂涂画画）。	
	10.使用图画、符号、文字等多种形式，创意地表达比较复杂的意思。	

二、勾出符合本次观察背景的项目

☐ 幼儿发起

☑ 家长发起

☑ 新的绘本

☐ 熟悉的绘本

☐ 独立阅读

☑ 在成人陪伴下阅读

☐ 用时1～5分钟

☐ 用时5～15分钟

☑ 用时15分钟以上

三、观察记录（白描）

（一）阅读前

幼儿和爸爸一起坐在椅子上，《肚子里有个火车站》平放在书桌上，爸爸把绘本靠近幼儿那边，让幼儿来翻页。

（二）阅读中

1. 封面、扉页、环衬的解读

爸爸：标题是什么？（爸爸手指封面）

幼儿：肚子里有个火车站。

爸爸：你认识哪几个字呢？

幼儿：子、火。（幼儿指着标题）

爸爸：《肚子里有个火车站》，作者安娜·鲁斯曼。

爸爸：你从封面上看到了什么？

幼儿（用右手手指划着封面）：有很多小绿人。

爸爸：它们在做什么呢？

幼儿：它们在把食物弄成泥。

爸爸：这是一段像诗歌一样的绕口令。（爸爸简单朗读绕口令）

爸爸：那我们来看看下一页。（幼儿主动翻页）

幼儿：肚子里有个火车站。（幼儿眼睛跟随爸爸的手指朗读标题）

爸爸：这个火车站是干什么的呢？我们一起来看一看。

教师的观察：

对幼儿的观察：能够观察到标题上的文字并且正确读出来；会通过观察图画上的人物来表述自己的理解；同时能积极回应家长的提问。

对家长的观察：在阅读前有大致介绍封面内容和作者，但还不够完整。建议可以引导幼儿关注封面信息（作者、译者、出版社），并引导幼儿观察环衬和封面，这对于幼儿阅读习惯的养成有帮助，有助于幼儿了解书的结构，激发幼儿阅读的兴趣。

2. 正文的朗读

（翻到正文第1页）

爸爸：忽然，茉莉娅听到一阵咕噜噜的声音，那是什么声音哪？

幼儿：她肚子在叫。（幼儿和爸爸对视）

爸爸：茉莉娅的头发是什么颜色的？

幼儿：黄色的。

爸爸：哦，是金黄色的。

教师的观察：爸爸在给幼儿讲述故事的时候，绘本由幼儿进行翻页，在阅读的过程中会和幼儿进行眼神交流；当幼儿表述不准确的时候，能够及时纠正、解释。

（翻到正文第2页）

爸爸：这个声音是从她的肚子里发出来的，那肚子里为什么会咕咕叫呢？

教师的观察：建议引导幼儿说一说："你肚子饿的时候会发出什么声音？肚子饿是什么样的感受？"让幼儿能够理解主角的情绪。

（翻到正文第3页）

爸爸：整个火车站里静悄悄的，原来它们在等什么呀？

幼儿：等食物进来。

爸爸：是的，在等食物进来。

爸爸：那茉莉娅是不是要去吃食物了呢？

教师的观察：爸爸提出问题后，幼儿做出相对应的回答。爸爸有及时肯定幼儿的回答；再次提出猜想，为下一页做铺垫。能够很好地吸引幼儿的兴趣，帮助幼儿了解绘本内容。

（翻到正文第4页）

爸爸：突然，那奇怪的声音又响了起来。原来是一个小精灵睡着了，它在梦中偶尔打起响亮的呼噜。这就是茉莉娅听到的咕噜噜的声音，原来是这么回事呀！

（翻到正文第5页）

爸爸：茉莉娅终于到家了，可口的午餐摆在桌子上，她开始狼吞虎咽地吃起来。

教师的观察：建议和孩子一起模仿"狼吞虎咽"的动作，让幼儿能够更加明白词语的意思。

（翻到正文第6页）

爸爸：小精灵们都生气地大叫起来，为什么会这样呢？

幼儿：因为她吃得太快了。

爸爸：太快了，所以食物会怎么样呢？

幼儿：所以食物没咬好，所以把它们……（幼儿没有表达完就被打断了）

爸爸：这个茉莉娅，根本就没有好好嚼嘛。哇哦，你果然说对了呢！

教师的观察：幼儿能够观察到图画中人物的情绪变化，也能通过自己的语言表达出来。幼儿还未表达完就被爸爸打断了，爸爸通过继续讲述故事来吸引幼儿的注意力，爸爸可以说："你还有要补充的吗？你可以先说说你的想法。"可以让幼儿大胆自信地表达自己的想法。

（翻到正文第7页）

爸爸：你来看看它们是怎么处理这些食物的。

幼儿：有的拿水管，有的拿耙子，有的拿剪刀。（幼儿边说边指着图画中的人物）

爸爸：我们来看看接下来会发生什么。

教师的观察：家长会引导幼儿观察图画当中的人物在干什么，幼儿也能够通过观察用自己的语言表达出来，并且用到句式"有的……有的……"建议和幼儿一起用动作模仿出人物在做的事情，可以让幼儿更加直观地感受到。

（翻到正文第8页）

爸爸：那这个砸晕的小精灵怎么办呢？

幼儿：等会儿它的同伴就会把它叫醒。（幼儿和爸爸对视）

爸爸：那我们看看是不是这样。

（翻到正文第9页）

爸爸：我们会加入很多液体，把它们搅成泥，这个过程对我们来说特别有趣。哦，它们在辛勤地劳动。

（翻到正文第10页）

爸爸：这扇大门是通往小肠的入口。

（翻到正文第11页）

爸爸：哇哦！这是什么呀？（爸爸做出惊讶的表情）

幼儿：小管子。

爸爸：这些小管子是在干什么呢？

幼儿：在吸收营养。

爸爸：所以那些东西是什么？掉在马桶里的东西叫什么呢？（爸爸做出惊讶的表情）

幼儿：便便。（幼儿也做出惊讶的表情）

教师的观察：

对幼儿的观察：和爸爸有更多的眼神交流，能够积极回应爸爸提出的问题，在爸爸的引导下能够回顾页面内容，并用自己的语言表达出来。

对爸爸的观察：在朗读完页面内容后进行开放式提问，让幼儿能够根据自己观察到的内容用自己的语言表达出来，进行巩固；会主动改变自己的语气语调，做出惊讶的表情。

（翻到正文第12页）

爸爸：没有了那么多火车，食物大山怎么被运走呢？想想看。

幼儿：如果其他火车都卸完然后回到这个火车站来，那它们就可以了。

（翻到正文第13页）

爸爸：突然刮来一阵刺骨的寒风，那是发生什么事情啦？

幼儿：这个东西是巧克力奶昔，还有一个我忘记了。（幼儿指着图画）

爸爸：你看这些小人都变成什么样子啦？

爸爸：我们看看接下来会发生什么事情呢？（提醒幼儿正确翻页姿势）

教师的观察： 爸爸在引导幼儿表达图画内容时采用开放式提问，激发幼儿的思考和想象；幼儿在爸爸的引导下能够通过观察图画表达自己的想法；在翻页的时候爸爸会关注到幼儿的姿势并做出提醒。

（翻到正文第14页）

爸爸：火车为什么会被冻住哇？

幼儿：因为太冷。

幼儿：你看，这都结冰了。（幼儿用手指着图画，表现出惊讶）

爸爸：是啊！

（翻到正文第15页）

爸爸：我们来喊一下口号，我喊这句，你来喊这句。

爸爸：我们要全麦面包，不要冰激凌！（爸爸做出相对应的动作）

幼儿：罢工罢工！（幼儿跟着做出相对应的动作）

教师的观察：在爸爸说完横幅上面的字时，幼儿会从左到右边朗读边指着图画中的文字。爸爸会带领幼儿进行动作模仿，让幼儿能够身临其境，感受人物的情绪，且和幼儿很愉快地完成了模仿。

（翻到正文第16页）

爸爸：茉莉娅生病啦，因为她吃得太多太快了。（爸爸放慢语速朗读）

（翻到正文第17页）

爸爸：温暖的雨会是什么呢？

幼儿：热水。

（翻到正文第18页）

爸爸：哇哦，我发现茉莉娅的房间怎么样？

幼儿：好乱哦。

（翻到正文第19页）

爸爸：小精灵们又可以美美地睡觉了。（爸爸改变语调）

（翻到正文第20页）

爸爸：它们已经分不清哪里是哪里了。

幼儿：是上和下。（幼儿提醒爸爸）

爸爸：哦，已经分不清哪里是上，哪里是下了。

教师的观察：在朗读图画中的一些句子时，爸爸会改变自己的语气语调，当爸爸漏掉句子当中的一些文字时，幼儿能够观察到并且主动提醒爸爸。

（三）阅读后

爸爸（页面到了后环衬）：你和爸爸一起来念念这些句子。

爸爸：故事看完了，那我们知不知道《肚子里有个火车站》说的是什么呀？

幼儿：知道。

教师的观察：爸爸在故事结束后会引导幼儿回顾故事，并提问幼儿故事重点，在幼儿回答问题后及时回应幼儿，在幼儿做出相关动作时也会跟幼儿互动，建议爸爸有意识地引导幼儿关注环衬和封底的相关信息，这对于幼儿了解书本的结构很有帮助。

中三班《我的情绪小怪兽》

姓　　名	潘书康	年　　龄	5岁	观察者	李欢灵
阅读地点	客厅	阅读时长	10分59秒	日　　期	2022年6月5日

一、观察记录

勾选	具体指标	照片、作品或轶事记录等证明（插入作品）
√	1.能熟练地翻阅图画书，迅速找到成人提到的页面、页码。	
√	2.共读中，会主动观察图画书中主要人物在干什么。	

续表

勾选	具体指标	照片、作品或轶事记录等证明（插入作品）
√	3.根据对图画书的理解，会产生与主角相应的情绪和相似的行为，表达对主角的理解和喜好。	
	4.能使用丰富的语言较为连贯地叙述图画书中的主要情节，在叙述过程中会较多地使用图画书中的语句。	
	5.能在成人的提示下猜想图画书后面的情节，采用图画或图文方式，仿编、续编图画书情节。	
	6.会表达自己是否喜欢所阅读的图画书，并说明原因。	
	7.开始能找到不同汉字中的一些相同部件，发现象形字的象形特征（如"月"的外形像月亮）。	
√	8.开始能根据成人的朗读点指所看到的文字，猜测文字的意义。	

续 表

勾选	具体指标	照片、作品或轶事记录等证明（插入作品）
√	9.有初步的与纸笔互动的"书写"经验（初步书写是指孩子拿笔和纸随意涂涂画画）。	
	10.使用图画、符号、文字等多种形式，创意地表达比较复杂的意思。	

二、勾出符合本次观察背景的项目

☐ 幼儿发起

☑ 家长发起

☐ 新的绘本

☑ 熟悉的绘本

☐ 独立阅读

☑ 在成人陪伴下阅读

☐ 用时1～5分钟

☑ 用时5～15分钟

☐ 用时15分钟以上

三、观察记录（白描）

（一）阅读前

幼儿和妈妈一起坐在桌子前，绘本《我的情绪小怪兽》平放在桌面上。

（二）阅读中

1. 封面、扉页、环衬的解读

妈妈：你好好指一下，你看一下这几个字你认识吗？哪个是"我"字，哪个是"小"字？

幼儿：我的情绪小怪兽，这个是"我"，这个是"小"。（幼儿自己指着封面标题念）

妈妈：作者是谁？她是哪个国家的？那是谁翻译的呢？出版社是哪个出版社来着？

幼儿：安娜·耶纳斯，西班牙……

妈妈：那你知道"翻译"是什么意思吗？（妈妈开始向幼儿解释"翻译"是什么意思）

妈妈：你看情绪小怪兽有几个颜色来着？

幼儿：红、黄、蓝、黑、绿。（幼儿看着封面，一个颜色一个颜色地回答）

妈妈：哇！好多颜色，代表各种各样的情绪对不对？

幼儿：好多不同的情绪。

教师的观察：

对幼儿的观察：幼儿能指读绘本的标题，能回答出绘本的作者、翻译与出版社，并能再认出"我"和"小"字，面对家长的提问，也能观察画面，积极回答相关问题。

对家长的观察：能通过提问的方式引导幼儿关注封面信息，回忆作者、译者与出版社，并再认一些较简单的字，也会有意识地引导幼儿观察环衬画面。

2. 正文的阅读

（翻到正文第1页）

妈妈：为什么小怪兽感觉心里怪怪的，心情乱乱的？

幼儿：因为它有好多颜色。（幼儿观察了一下小怪兽）

妈妈：好多颜色就代表他有各种不同的情绪，然后全部都混到一起了。（妈妈小结）

（翻看正文第2~5页）

妈妈：他是怎么整理情绪的？

幼儿：他就一个一个放到罐子里。

（翻到正文第6页）

妈妈：黄色是……他就像……（妈妈故意停顿，想让幼儿接着讲述）

幼儿：黄色是开心，是快乐，就像太阳一样明亮，像星星一样闪耀。

家长：你看，小怪兽开心快乐的时候眼睛和嘴巴是怎样的？

幼儿：嘴巴像打了一个勾。（做了一个打勾的动作）

（翻到正文第7页）

妈妈：快乐的时候你会怎样呢？

幼儿：快乐的时候我啥也不会干，就想坐着。

（翻到正文第8页）

妈妈：伤心像什么一样？

幼儿：像湿答答的下雨天。

（翻到正文第9页）

妈妈：伤心的时候你还会想找朋友一起玩吗？

幼儿：我想一个人躲起来，让你们找我。

妈妈：那你什么时候会伤心？

幼儿：什么时候也不会。

（翻到正文第10页）

妈妈：生气像什么呀？

幼儿：像火焰。那怎么扑灭呀？

（翻到正文第11页）

妈妈：那怎么办呢，有什么扑灭的办法呢？

妈妈：那就冷静一下，有话好好说，把事情耐心沟通一下，先不要发脾气。是不是就慢慢冷静下来啦？那你下次生气的时候，有话慢慢跟妈妈说，妈妈理解了，知道你啥意思了，你就没那么生气了，可以吗？（妈妈一直看着幼儿，幼儿在玩手中的铅笔和卷笔刀）

（翻看正文第12、13页）

妈妈：你下次害怕的时候怎么办哪？

妈妈：你可以找大人帮忙，朋友哇，或者其他叔叔阿姨呀！

（翻看正文第14、15页）

妈妈：你看，小怪兽多自在，躺在吊床上，嘴角有点上扬，四肢很放松，悠闲自得。（家长指着绿色的小怪兽）

（翻看正文第16、17页）

妈妈：哇，它把所有的情绪都放在了对应的罐子里。你看妈妈也画了一个表，然后这是每一天，今天是2022年的6月5日，潘书康是开心啊，还是平静啊，还是别的什么情绪啊，我们画一下好不好？（妈妈和幼儿开始画起来，不同颜色代表不同的心情）

家庭情绪打卡表

（翻到正文第18、19页）

妈妈：咦，小怪兽变成什么样子了呀？

幼儿：粉色，这儿有个小爱心。（幼儿指了指爱心）

妈妈：变成粉色了，代表小怪兽……（妈妈停顿）

幼儿：代表小怪兽太开心了。（幼儿对着镜头露出了一个大大的笑容）

教师的观察：

对幼儿的观察：幼儿在此次共读中，专注力没有特别集中，偶尔会被手里的铅笔和卷笔刀吸引过去。只有在妈妈提问或者读到他比较感兴趣的情节时，注意力才会比较集中。但整个过程中，面对妈妈的小互动，比如妈妈停顿的地方，他都能接着讲述。面对妈妈有关绘本内容的提问，幼儿都能回忆起来或者观察画面，认真回答。面对有关实际生活的相关提问，幼儿也能联系自己的生活经验，发表自己的想法与观点。

对家长的观察：妈妈在讲述绘本时，能根据小怪兽不同的情绪变换表情与语气，从而让幼儿更好地感受与理解绘本故事情节。在讲述过程中，也会运用故意停顿的小方法与提问的方式，吸引幼儿专注力，让幼儿回忆绘本内容，并认真观察画面，接话讲述。也会有意识地引导幼儿观察小怪兽不同情绪的表情与动作。并且在讲述完每个情绪后，会联系幼儿生活经验进行提问，问问幼儿："你什么时候会有……的情绪？""当你有……的情绪时，你会怎么样？"

（三）阅读后

教师的观察：视频中未体现对后环衬与封底的介绍。（建议家长阅读后，向幼儿介绍）

大一班《爷爷一定有办法》

姓　　名	孙夕尧	年　　龄	5岁	观察者	张燕萍
阅读地点	家里	阅读时长	16分19秒	日　期	2022年6月5日

一、观察记录

勾选	具体指标	照片、作品或轶事记录等证明（插入作品）
√	1.能熟练地跟随成人的朗读翻阅图画书，认真观察图画书中的画面和文字信息。	幼儿跟随成人的朗读翻阅图书。

勾选	具体指标	照片、作品或轶事记录等证明（插入作品）
√	2.会细致观察并理解画面中的主角或主要人物的状态，包括动作、表情、姿态等，解释图画书中主角或主要人物出现的行为、状态的原因，如情绪、想法等。	家长：约瑟的衣服又旧了，这次妈妈会怎么样呢？ 幼儿：他的妈妈想要把它丢掉。（做出伤心的表情）
	3.了解环衬、扉页在图画书中的作用，熟悉图画书的结构，并做出合理的预期（图画书结构：封面、环衬、扉页、正文、封底）。	
	4.较为完整、清晰地复述图画书内容。	
√	5.会对图画书中人物的人格特质进行评价，对图画书所传递的主旨进行初步的思考，表现出对作者意图的认同或质疑，并说出自己的理由。	家长：老鼠一家做了什么？ 幼儿：做了床单，窗帘，这也太厉害了，如果我也有这房子就好了。
	6.在阅读图画书时经常关注文字，会假装阅读文字来朗读图画书内容。	
√	7.在生活和阅读中积极再认已习得的文字。	点读图画中的文字。
	8.会通过一定的线索（语法线索或部件线索）来猜测字词的含义。	
√	9.积累并能够书写一些简单的汉字字形，书写时能逐步统一字的大小和间隔。	孩子写给父亲的信。

勾选	具体指标	照片、作品或轶事记录等证明（插入作品）
	10.在创意书写中出现利用汉字"同音""形似"等特点进行的书写，能够表达更复杂的内容。	

二、勾出符合本次观察背景的项目

☐ 幼儿发起

☑ 家长发起

☐ 新的绘本

☑ 熟悉的绘本

☐ 独立阅读

☑ 在成人陪伴下阅读

☐ 用时1～5分钟

☐ 用时5～15分钟

☑ 用时15分钟以上

三、观察记录（白描）

（一）阅读前

妈妈和幼儿并排坐着，紧紧挨着，幼儿靠在妈妈的肩上，妈妈举着绘本《爷爷一定有办法》。

（二）阅读中

1. 封面、扉页、环衬的解读

妈妈：明天出版社。（妈妈指着封面上的出版社）

幼儿：明天出版社。

妈妈：这讲的是谁和谁的故事？

幼儿：是爷爷和他孙子的故事。

妈妈：对，是爷爷和他小孙子的故事，（翻页）这是封面。

教师的观察：家长会有意识地和幼儿介绍绘本的封面（出版社、故事名称、故事人物），幼儿会积极回应家长的提问。

2. 正文的阅读

（翻到正文第1页）

妈妈：这就是那个老爷爷吧？

幼儿：对呀。

妈妈：这个老爷爷在干什么呢？

幼儿：做一个布，做一个好东西吧！

妈妈：他应该是在做一个毯子。

幼儿：妈妈，妈妈，小老鼠这都是一些小布料，我猜它们做起来一定很美吧。

教师的观察：幼儿能够观察画面中的细节，家长会引导幼儿观察剩余布料的用途，并且妈妈在阅读过程中习惯将幼儿的回答重复一遍，但是妈妈的提问过于封闭，建议采用开放性提问，从"是不是？"转为"你觉得这个毯子会怎么样？"

（翻到正文第2页）

妈妈：这是他的爸爸妈妈吧？这是他的爷爷奶奶吗？（指着画面）

妈妈：老鼠一家开始用小碎布装扮它们的家了是不是？小宝宝长大了是不是？可以走路了是不是？

妈妈：约瑟的妈妈会怎么对他说呢？

幼儿：约瑟，这个毯子旧了，把它扔了吧。

妈妈：哎呀，妈妈要把它扔了，该怎么办呢？（翻页）

教师的观察：家长的提问以"是不是"为主，问题单一、封闭，建议采用开放式提问，激发幼儿的思考和想象。如：你看到了什么？

（翻到正文第3页）

妈妈：约瑟阻止了妈妈是吗？他是怎么阻止的？

幼儿（点着字，一个字一个字地说）：爷爷一定有办法。

妈妈：爷爷拿起剪刀干吗？

幼儿：剪啊剪，搓啊搓，剪啊剪，搓啊搓。

妈妈：他的爷爷拿起剪刀就咯吱咯吱地剪，再用针线飞快地缝进缝出，缝进缝出。（家长做出动作）爷爷用这块布做了什么呢？

幼儿：我觉得是做了一件外套。

教师的观察：幼儿在阅读过程中会关注多次出现的文字，会通过阅读文字来了解图画书的内容。家长对于文中出现的动词会做出相应的动作，幼儿在家长的带动下，也会跟着朗读文字并做出动作。

（翻到正文第4页）

妈妈：哎呀，妈妈怎么啦？（指着画面）

幼儿：生宝宝了。

妈妈：妈妈怀宝宝了。

妈妈：老鼠一家怎么啦？

幼儿：老鼠做了新衣服。

妈妈：你没发现老鼠爸爸和妈妈还有新的好几个小宝宝，你猜哪个最小？

教师的观察：妈妈在共读时会引导幼儿观察画面中的细节，比如约瑟妈妈的变化、约瑟的变化、小老鼠一家的变化。在阅读中，幼儿尝试翻页，但是将手放到绘本上一会儿又放开了，家长可以尝试对幼儿的行为做出反应。

（翻到正文第5页）

妈妈：这个时候约瑟会怎么说呢？

幼儿：爷爷有……

妈妈（小声提醒）：一定。

幼儿：不用你说。（拨开妈妈的手，尝试自己翻页，噘着嘴巴）

妈妈：是这儿。（翻到对应的图画，指着文字）

幼儿（点着图上的文字）：爷爷一定有办法。

妈妈：爷爷是怎么做的呢？（做出剪的动作）

幼儿：咯吱咯吱地剪，然后缝进缝出。（做出动作）

教师的观察：幼儿会积极再认已经习得的文字，并且对于家长提醒的行为感到生气。建议家长在阅读中可以尝试让幼儿翻页，多给予幼儿表达的机会，培养幼儿对阅读的自信心。

（翻到正文第6页）

幼儿（指着画面）：妈妈的小宝宝出生了。

妈妈：对，约瑟家的小宝宝出生了。这是弟弟还是妹妹？

（翻到正文第7页）

妈妈：这次又要找谁啦？

幼儿：爷爷一定有办法。

妈妈：是的，爷爷又在做衣服。

幼儿（双手放在绘本上）：妈妈……（妈妈没有听，继续讲，幼儿噘着嘴、闭眼靠在妈妈肩上）

妈妈：她先拿起剪刀……

幼儿（挥挥手，看向妈妈）：妈妈，你能听我说说话吗？

妈妈（停下来）：你说。

教师的观察： 幼儿在阅读过程中想要表达自己的想法，会打断妈妈的讲述并提出来，并且双手放在绘本上，主导意识较强。家长在阅读中可以减少讲述，给予幼儿表达的机会。

（翻到正文第8页）

妈妈：约瑟又长大了，衣服旧了，妈妈又想怎么样？

幼儿：扔掉它。妈妈，她真的很浪费对不对？

妈妈：是的，我们应该向爷爷学习。

幼儿（妈妈翻页后，幼儿马上翻回前一页）：老鼠一家又变漂亮了。

家长：现在有几个小宝宝了？

幼儿（点数）：八个，还有一个小宝宝。

教师的观察： 幼儿在阅读中能够理解故事的主题，并且能够跟随成人的朗读翻阅图书，细致观察画面中的变化。

（翻到正文第9页）

妈妈：我们看看爷爷还是一样的，先……（做出剪和缝的动作）

幼儿：咔嚓咔嚓剪，还要缝进缝出。（做出剪和缝的动作，脚搭到妈妈脚上）

（翻到正文第10页）

妈妈：现在可以做成什么呢？

幼儿：小抹布。

妈妈：这可不是小抹布。

幼儿：妈妈你看（兴奋，指着画面），妹妹都长成小女孩儿了。

（翻到正文第11页）

幼儿（指着画面）：这是谁？

妈妈：这是小妹妹。

幼儿：这是她的头发吗？

妈妈：她的头发还很短，等她长大一些，头发就很茂盛了，像你的头发一样。

教师的观察：家长会将故事内容与幼儿的生活经验相联系，便于幼儿对故事的理解。

幼儿：这是约瑟的扣子。

妈妈：约瑟在玩的时候，扣子掉了，被老鼠捡到了。

（翻到正文第12页）

幼儿（指着老鼠一家）：妈妈，它家又有一个小宝宝。

妈妈：妹妹又长大了，妈妈在给她找衣服穿是不是？

幼儿：这是奶奶。

教师的观察：幼儿在阅读过程中会细致地观察画面，如扣子从约瑟的身上掉落到小老鼠一家，会从头巾的颜色区分出奶奶和妈妈。

（翻到正文第13页）

妈妈：这个毯子变成了什么？（指着画面）

幼儿：小老鼠的家。

妈妈：装饰了小老鼠漂亮的家是吗？

幼儿：可是，我觉得……（托腮）

妈妈翻页。

教师的观察：家长在阅读的时候要关注幼儿的想法，给予孩子足够的时间思考和分享。

（翻到正文第14页）

妈妈：小老鼠一家和约瑟一家都很漂亮。

（三）阅读后

妈妈：通过这个故事，你学到了什么？

幼儿：我学到了创意。

妈妈：什么创意？

幼儿：额，什么创意呢？（思考）

妈妈：就是我们有些东西可以多想一下办法把它们用起来。你现在想一想你的旧衣服可以做什么？

妈妈：你先告诉我，旧衣服可以做什么。

幼儿：（幼儿回答妈妈问题时，一直和妈妈保持对视的状态）可以做毯子，抹布。

妈妈：做抹布卖给别人吗？

妈妈：我觉得很棒。

教师的观察：建议家长引导幼儿关注环衬和封底的相关信息，《爷爷一定有办法》的前后环衬对应故事中布料的颜色和样式，可以引导幼儿关注并发现这一信息。

大三班《孩子的权利》

姓　　名	邬晏慈	年　　龄	6岁	观察者	黎桂兴
阅读地点	卧室	阅读时长	18分33秒	日　期	2022年6月7日

一、观察记录

勾选	具体指标	照片、作品或轶事记录等证明（插入作品）
√	1.能熟练地跟随成人的朗读翻阅图画书，认真观察图画书中的画面和文字信息。	妈妈引导幼儿观察封面与封底的信息，幼儿表达想法。

续 表

勾选	具体指标	照片、作品或轶事记录等证明（插入作品）
√	2.会细致观察并理解画面中主角或主要人物的状态，包括动作、表情、姿态等，解释图画书中的主角或主要人物出现的行为、状态的原因，如情绪、想法等。	幼儿在观察封面上各种肤色、表情、动作的小孩子。
	3.了解环衬、扉页在图画书中的作用，熟悉图画书的结构，并做出合理的预期（图画书结构：封面、环衬、扉页、正文、封底）。	
√	4.较为完整、清晰地复述图画书内容。	幼儿用手指着文字复述：不管我的肤色是黑色还是白色，不管我是高个子还是矮个子，是贫穷还是富有，不管我出生在这里还是在那里。
	5.会对图画书中人物的人格特质进行评价，对图画书所传递的主旨进行初步的思考，表现出对作者意图的认同或质疑，并说出自己的理由。	

续　表

勾选	具体指标	照片、作品或轶事记录等证明（插入作品）
√	6.在阅读图画书时经常关注文字，会假装阅读文字来朗读图画书内容。	幼儿手指书中的文字在朗读：我有权吃饭、有权喝水、有权健康地成长，我喜欢的水果是橙子，它那香甜的果肉、甘美的果汁，都是我的最爱。
√	7.在生活和阅读中积极再认已习得的文字。	
	8.会通过一定的线索（语法线索或部件线索）来猜测字词的含义。	
	9.积累并能够书写一些简单的汉字字形，书写时能逐步统一字的大小和间隔。	
	10.在创意书写中出现利用汉字"同音""形似"等特点进行的书写，能够表达更复杂的内容。	

二、勾出符合本次观察背景的项目

- ☐ 幼儿发起
- ☑ 家长发起
- ☑ 新的绘本
- ☐ 熟悉的绘本
- ☐ 独立阅读
- ☑ 在成人陪伴下阅读
- ☐ 用时1～5分钟
- ☐ 用时5～15分钟
- ☑ 用时15分钟以上

三、观察记录（白描）

（一）阅读前

妈妈与幼儿并排盘坐在床上，《孩子的权利》封面和封底打开反扣平放在床面上。

妈妈：小孩子有什么权利？

幼儿：可以自己改名字。

（二）阅读中

1.封面、扉页、环衬的解读

妈妈：小朋友们围在一起都是什么样的状态？（妈妈用手画圈圈式地指着封面中的小孩子）

幼儿：他们都有不一样的表情、发型和肤色、服装。

妈妈：你说到了一个重点，他们的肤色不一样，说明是来自世界各地不同的小朋友。

幼儿：有点黄皮肤的代表的是我们中国人。

妈妈：这本书是法国阿兰·赛尔写的，法国奥赫丽亚·弗提绘，武娟译，贵州人民出版社。（妈妈用手指认文字，并且拿起书本，幼儿凑过去一起看）

妈妈：这是什么页？

幼儿：前环衬。

妈妈：这是什么颜色？

幼儿：黄色。

妈妈：黄色给你一种什么感觉？

幼儿：很奇怪。

妈妈：很奇怪？家里的灯光是黄色的，给你一种什么感觉？

幼儿：很明亮、很宁静。

妈妈：看这个扉页，小朋友在做什么呢？

幼儿：小朋友在一个家里面，背景是红色的，有一只猫，小男孩儿瞪着大眼睛好像在看着什么一样。

教师的观察：

对幼儿的观察：能观察到封面主要人物的状态（肤色、发型、表情和服装），能自己表达对画面的理解，能表达绘本色彩运用带给阅读者的情绪体验，同时能积极回应家长的提问。

对家长的观察：能引导幼儿关注封面信息（作者、译者、出版社），并引导幼儿观察环衬和封面，这对于幼儿阅读习惯的养成有帮助，有助于幼儿了解书的结构，激发幼儿阅读的兴趣，同时也注意到绘本色彩的情感体验，并有意引导关注。

2. 正文的阅读

全文：妈妈与幼儿共同朗读文字，有时候是幼儿自己朗读，当幼儿遇到不认识的文字时妈妈会轻声提醒。

（翻到正文第1页）

妈妈：这些不同肤色的手是什么样的？

幼儿：都是黑、白、黄的，代表不同肤色的人。

（翻看正文第2~4页）

妈妈一只手握拳头，另一只手指着文字，用庄重严肃的声音朗读，幼儿眼睛也看着绘本内容。

教师的观察：妈妈体会到绘本中宣言式的直白语言，因此她调整自己的语音、语调给幼儿朗读，让幼儿感受文字的力量和权利的重要性。

（翻到正文第5页）

妈妈：你看这些是什么标志呀？（妈妈用手指着绘本上药箱十字架的标志）

幼儿：这是医生的标志。

妈妈：红十字的标志代表着治疗，生病了有权得到救治。

（翻到正文第6页）

妈妈：你看这些标志代表着什么？（妈妈用手指着绘本上的数学算式还有英语符号）

幼儿：是数字1，2，3，还有英语。

妈妈：对，他们在上课，接受国家的免费教育。

教师的观察：

对家长的观察：家长注意到图画中常见的符号与标志与文字内容的匹配关系，并有意识地引导幼儿关注常见的文字符号。

对幼儿的观察：幼儿认识常见的标志与符号，并能够理解与表达其意义。

（翻到正文第7页）

妈妈：还记不记得以前读过一本古时候的书，是说男孩儿可以上学，女孩儿不能上学的？

幼儿：是《梁山伯与祝英台》。

妈妈：所以祝英台为什么要女扮男装？（妈妈托腮右倾头看向幼儿，幼儿也望着妈妈）

幼儿：因为她想上学。

妈妈：是的，因为古时候女孩子没有权利去上学，就不公平，对不对？

（翻看正文第8、9页）

妈妈声情并茂地指读文字，幼儿再认文字内容，看见认识的文字的时候会重复朗读。

（翻到正文第10页）

妈妈：哇，这是一个什么样的画面？有一只大灰狼，它要干吗呢？

妈妈：像现在我们告诉小孩子不能到处乱跑，因为假如遇到这种大灰狼的角色，会发生什么？

幼儿：会被抓走，拿去卖钱。

妈妈：所以像这种抓小孩儿的人贩子是没有权利利用小孩儿来牟利的，知道吗，这是犯法的？

（翻到正文第11页）

妈妈：你看这个小男孩儿在干吗呀？他头顶上搬这么多东西。

妈妈：所以说，你是小孩子，不能不去上学去工作。有的公司聘用这种儿童工作叫雇用童工，是犯法的。

（翻到正文第12页）

妈妈：你看大伞的上面都是些什么？

幼儿：有雨滴，有细菌还有灾难。

（翻到正文第13页）

妈妈：房子的外面都是些什么？

妈妈：都是炸弹，导弹马上要落到这个屋子里面。

教师的观察：

对家长的观察：家长能够主动将现实事件还有幼儿的经验与绘本建立连接，幼儿更容易理解绘本内容，并在幼儿回答后进行总结提炼。

对幼儿的观察：幼儿能够细致观察画面并主动表达自己的发现与理解。

（翻到正文第15页）

妈妈：你看这是什么呢？

妈妈：这是小朋友自己想象，创造出来的一幅画。

（翻到正文第17页）

妈妈：你看平时你可以勇敢地说出自己的想法，让爸爸妈妈知道你心里是怎么想的。

（翻到正文第18页）

妈妈：你知道什么叫联合国吗？

（翻到正文第19页）

妈妈：希望每个小朋友都能像什么一样啊？像风筝一样给人的感觉是什么样子的？（妈妈的手做出在天空飞翔的姿势）

妈妈：像风筝一样翱翔在蔚蓝的天空中，自不自由？

（三）阅读后

妈妈用手指着封底的文字，幼儿朗读本书主旨。

妈妈：你读了这本书就知道孩子有什么权利，并且当别人夺取你的权利的时候你可以争取回来。

教师的观察：家长有意识地引导幼儿关注封底信息，且本书封底内容是关于本书主旨，这对于幼儿了解书本的结构以及思考绘本的主题都很有帮助。

新蕾创业一村园亲子阅读案例

小二班《爸爸去上班》

姓　　名　高翊桐　　　年　　龄　4岁　　　观察者　高艳、陈安钠
阅读地点　卧　室　　　阅读时长　6分30秒　　日　　期　2022年6月3日

一、观察记录

勾选	具体指标	照片、作品或轶事记录等证明（插入作品）
√	1.掌握基本的图画书翻阅规则，爱护图书。	在妈妈指引下桐桐自主翻页。
√	2.在空余时间会积极、主动地选择翻阅图画书，会表达自己是否喜欢所阅读的图画书。	在家里洗完澡之后，桐桐会自己取书看。

续 表

勾选	具体指标	照片、作品或轶事记录等证明（插入作品）
√	3.能用口头语言来叙述图画书的内容，可以清晰、准确地指认画面上的物体，描述单个画面上的故事情节。	桐桐可以根据妈妈讲的故事表明自己的态度。
	4.通过封面的阅读能初步了解图画书中的主角，初步感知主角，并猜想故事的情节。	
	5.在成人的提示下会在生活情境中想起图画书中主角的行为，能够做出与图画书主角相应的动作和表情，并进行简单叙述。	
	6.在生活中关注常见的符号，意识到特定地方的符号具有意义（如门牌、路牌）。	桐桐在教室门口发现了安全标志。
√	7.阅读图画书时关注封面标题（例如：幼儿会用手指点标题）。	妈妈介绍封面时，桐桐眼睛跟随着妈妈指的地方。
	8.知道只有文字是成人可以阅读的，会点数汉字，能读出自己名字中的文字。	

续 表

勾选	具体指标	照片、作品或轶事记录等证明（插入作品）
√	9.会以随意的涂鸦和线条"假装"书写。	桐桐会把自己看到的场景画下来。
	10.会模仿成人的书写，借助画图来表达想法。	

二、勾出符合本次观察背景的项目

☐ 幼儿发起

☑ 家长发起

☑ 新的绘本

☐ 熟悉的绘本

☐ 独立阅读

☑ 在成人陪伴下阅读

☐ 用时1～5分钟

☑ 用时5～15分钟

☐ 用时15分钟以上

三、观察记录（白描）

（一）阅读前

幼儿坐在妈妈身边，《爸爸去上班》绘本放在妈妈腿上。

（二）阅读中

1. 封面、扉页、环衬的解读

妈妈：宝贝，这是我们今天要讲的故事，你认识上面哪些字啊？它封面上有什么特点啊？

幼儿："爸爸"两个字。奖状。

教师的观察：幼儿能观察到封面上的奖状，也能够认出绘本上的"爸爸"两个字。

2. 正文的阅读

（翻到正文第1、2页）

妈妈（家长引导幼儿自主翻阅）：下雨啦，天上有什么？

（翻到正文第3、4页）

幼儿：小鱼在打招呼，很愉快。

（翻到正文第5页）

幼儿：他走在汽车上。因为太多车走不了。

教师的观察：幼儿的注意力都在绘本，能观察到封面上的奖状，也能够认出绘本上的爸爸两个字。

（翻到正文第6页）

幼儿：爸爸把鱼给了小猫。

（翻到正文第10页）

幼儿：有棒棒糖、草莓糖，还有糖果蛋糕呢。

教师的观察：建议可以用开放式提问，激发幼儿的思考和想象。如：你会怎么做呢？

（三）阅读后

（翻到正文第11页）

妈妈：你是不是会说："爸爸，您辛苦啦！"然后会怎么样？抱一抱对不对。

幼儿害涩地笑，回应妈妈的拥抱。

教师的观察：

对幼儿的观察：幼儿能够观察到绘本的封面信息（幼儿点读绘本题目），能够很自信地表露自己的情绪，例如：能观察到很多画面的细节（天上有乌云、下雨了），幼儿能用动作表达自己对画面的理解（爸爸回来会伸出双手拥抱）。

对家长的观察：妈妈能够邀请幼儿翻阅绘本，会根据画面故事情节进行提问。通过妈妈的引导，幼儿能关注到《爸爸去上班》画面的种种变化（大河、小鱼、汽车等）。

小四班《阿立会穿裤子了》

姓　　名	刘璇	年　　龄	4岁	观察者	钟明慧、陈熙
阅读地点	家里的客厅	阅读时长	6分14秒	日　　期	2022年7月6日

一、观察记录

勾选	具体指标	照片、作品或轶事记录等证明（插入作品）
√	1.掌握基本的图画书翻阅规则，爱护图书。	幼儿在妈妈指导下自己翻页。
√	2.在空余时间会积极、主动地选择翻阅图画书，会表达自己是否喜欢所阅读的图画书。	幼儿在区域活动中发现书本会主动阅读，并且状态投入。

勾选	具体指标	照片、作品或轶事记录等证明（插入作品）
√	3.能用口头语言来叙述图画书的内容，可以清晰、准确地指认画面上的物体，描述单个画面上的故事情节。	妈妈：算了算了（点读），阿立跑哪里去了呀？ 幼儿：跑……跑到草原上了。 妈妈：跑到草原上了是吧，他逃走啦！ 幼儿：逃走了…… 妈妈：他觉得没有尾巴也没有关系呀，他来到哪里啦？ 幼儿：他来到了田野，遇到一只……嗯……遇到一只。 妈妈（提醒）：什么颜色的小鸟？ 幼儿：这不是鸟哇。 妈妈：它是一种鸟呀，白鹭鸶是不是？
√	4.通过封面的阅读能初步了解图画书中的主角，初步感知主角，并猜想故事的情节。	幼儿在看绘本中的画面，并指着阿立说："阿立还不会穿裤子。"

勾选	具体指标	照片、作品或轶事记录等证明（插入作品）
√	5.在成人的提示下会在生活情境中想起图画书中主角的行为，能够做出与图画书中主角相应的动作和表情，并进行简单叙述。	妈妈：这是谁啊？ 幼儿：Horse。 妈妈：Horse啊，小马是吧？ 幼儿：大马，大马。
	6.在生活中关注常见的符号，意识到特定地方的符号具有意义（如门牌、路牌）。	
√	7.阅读图画书时关注封面标题。	孩子用手指点封面上熟悉的标题并点读文字。

续　表

勾选	具体指标	照片、作品或轶事记录等证明（插入作品）
√	8.知道只有文字是成人可以阅读的，会点数汉字，能读出自己名字中的文字。	幼儿（准备翻书，指着左下角的文字内容）：这边讲了吗？ 妈妈：嗯，对，就是图中的意思，讲啦。好啦，我们往下吧！ 幼儿的注意力在文字上。
	9.会以随意的涂鸦和线条"假装"书写。	
	10.会模仿成人的书写，借助画图来表达想法。	

二、勾出符合本次观察背景的项目

☑ 幼儿发起

☐ 家长发起

☐ 新的绘本

☑ 熟悉的绘本

☐ 独立阅读

☑ 在成人陪伴下阅读

☐ 用时1~5分钟

☑ 用时5~15分钟

☐ 用时15分钟以上

三、观察记录（白描）

（一）阅读前

幼儿和妈妈坐在客厅的桌子上，《阿立会穿裤子了》平放在桌子上。

（二）阅读中

1. 封面的解读

妈妈：今天我们讲的绘本是什么呀？（手指准备点读）

幼儿：阿立会穿裤子了。（妈妈点读）

妈妈：那你帮妈妈翻一下吧。

幼儿边吐舌头边翻页。

妈妈：嗯！好棒，继续吧！（鼓励翻页）

幼儿翻到第一页，妈妈帮孩子翻回扉页。

妈妈：咦？这讲的是什么呀？

幼儿：阿立会穿裤子了。

教师的观察：妈妈有注意到扉页，但是没有仔细地给孩子解释这是绘本的扉页部分，让孩子了解封面、环衬、扉页，可以帮助孩子了解书本的结构，提升孩子对书本的兴趣。

2. 正文的阅读

（翻到正文第5、6页）

妈妈：他怎么样啦现在，跑出……

幼儿：跑出去了。

妈妈：光着屁股跑出去了是不是？

幼儿（指着文字内容）：这边讲一下。

妈妈（点读）：哼！我不穿裤子了，阿立就跑出去了。

幼儿自主翻页。

教师的观察：

对幼儿的观察：对熟悉的绘本进行充分的观察后，孩子开始对自己不熟悉的文字内容感兴趣，在此次阅读过程中会主动地询问妈妈文字内容的意思，并主动提出让妈妈念一下内容。

　　对家长的观察：将主动权交给孩子，倾听孩子的要求，耐心地为孩子解答，并及时给予孩子鼓励。

（翻到正文第7、8页）

妈妈：谁来啦？（指着小狗）汪汪汪是谁？

幼儿：狗。

妈妈（指着猫）：猫猫怎么叫哇？

幼儿：喵——

妈妈：这是？（指着老鼠）

幼儿：老鼠，唧唧唧。

妈妈：啊——吱吱吱。咦？它们盯着谁呀？

幼儿：（思考了一下）阿立。

妈妈：盯着阿立的哪里？

幼儿：屁股。

（翻到正文第9、10页）

妈妈：牛怎么叫哇？

幼儿：哞——

妈妈：喔，马是……嘶——嘶。

幼儿：不是。（模仿了马的叫声）

妈妈：喔——这样叫的呀，对啦，它们有几个小动物哇？你帮我数一下。

幼儿指着一个小动物说了句英语单词。

妈妈：有几只小动物呢？数一下。

幼儿（点数）：1、2、3、4、5。5——5——

妈妈：5个是吧？

　　教师的观察：孩子对绘本已比较熟悉，妈妈逐渐开始引导孩子以不同的方式来讲绘本，比如让孩子模仿动物的叫声，以及数小动物的数量；将翻页看图画、阅读绘本的主动权掌握在孩子自己手里，孩子也会用口头语言来叙述图画书的内容。

　　（三）阅读后

　　教师的观察：对绘本熟悉度越多，妈妈逐渐开始引导孩子以不同的方式来讲绘本，比如让孩子自己模仿动物的叫声，以及数小动物的数量；将翻页看图画，阅读绘本的进度掌握在孩子自己手里，孩子也会用口头语言来叙述图画书的内容。

中三班《金发女孩和三只熊》

姓　　名　刘宇宁　　　年　　龄　5岁　　　观察者　陈佳慧、陈晓紫
阅读地点　教室、客厅　阅读时长　10分　　　日　　期　2022年6月4日

一、观察记录

勾选	具体指标	照片、作品或轶事记录等证明（插入作品）
	1.能熟练地翻阅图画书，迅速找到成人提到的页面、页码。	
√	2.共读中，会主动观察图画书中主要人物在干什么。	幼儿能通过观察画面发现三只棕熊的碗是不一样的，并一一说出：熊爸爸的是大号碗，熊妈妈的是中号碗，熊宝宝的是小号碗。

勾选	具体指标	照片、作品或轶事记录等证明（插入作品）
√	3.根据对图画书的理解，会产生与主角相应的情绪和相似的行为，表达对主角的理解和喜好。	当妈妈读到棕熊蹑手蹑脚地爬上楼时，幼儿能主动模仿棕熊的动作。
	4.能使用丰富的语言较为连贯地叙述图画书中的主要情节，在叙述过程中会较多地使用图画书中的语句。	
	5.能在成人的提示下猜想图画书后面的情节，采用图画或图文方式，仿编、续编图画书情节。	
	6.会表达自己是否喜欢所阅读的图画书，并说明原因。	
	7.开始能找到不同汉字中的一些相同部件，发现象形字的象形特征（如"月"的外形像月亮）。	
√	8.开始能根据成人的朗读点指所看到的文字，猜测文字的意义。	幼儿能主动注意到图画书上的文字：危险。太冒险了，走这条路不是个好主意，走另一条路。并说出小女孩儿没有听妈妈的话，抄了近路去买松饼。

勾选	具体指标	照片、作品或轶事记录等证明（插入作品）
	9.有初步的与纸笔互动的"书写"经验（初步书写是指孩子拿笔和纸随意涂涂画画）。	
	10.使用图画、符号、文字等多种形式，创意地表达比较复杂的意思。	

二、勾出符合本次观察背景的项目

☑ 幼儿发起

☐ 家长发起

☑ 新的绘本

☐ 熟悉的绘本

☐ 独立阅读

☑ 在成人陪伴下阅读

☐ 用时1～5分钟

☑ 用时5～15分钟

☐ 用时15分钟以上

三、观察记录（白描）

（一）阅读前

幼儿与妈妈一起坐在地毯上，妈妈开始读起了书名"金发女孩和三只熊"。

（二）阅读中

1.引导幼儿观察封面

妈妈：这是三只熊的全家福。

幼儿：不是全家福。这是照片。

妈妈：嗯，全家福就是一个相片的说法，就是全家一起照成一张相，就叫全家福。来我们来看一下，三只熊的家里有没有人，谁来了他家呀？谁躲在这里？你看这里，熊爸爸、熊妈妈、熊宝宝的相片挂在这里，所以这是谁家呀？

教师的观察：妈妈只引导幼儿观察封面，没有介绍绘本的其他结构。

2. 正文的阅读

妈妈继续讲述绘本。

当妈妈讲到金发女孩是那种想怎样就怎样的淘气丫头时。

幼儿：丫头是谁？

妈妈：丫头就是专门指这个小女孩儿，是另外一种叫法或者昵称。

教师的观察：

遇到不懂的词汇时，幼儿会主动询问。

中间妈妈问了很多封闭式问题。在阅读到棕熊一家在吃早餐时，妈妈问幼儿。

妈妈：你看，爸爸的碗特别大，是大号碗，所以像一个大锅一样的。熊妈妈的是？

幼儿：中号碗。

妈妈：对，熊宝宝的呢？

幼儿：小号碗。

妈妈：对，你发现了。他们是一个比一个的小。从熊爸爸到熊宝宝，爸爸的最大。（妈妈慢慢引导幼儿观察，发现棕熊一家的碗大小不同）

翻到棕熊家时。

幼儿：我告诉你，这是爸爸的碗，嗯，爸爸的是大号碗，妈妈的是中号碗，小宝宝的是小号碗。

妈妈：对！你观察得很仔细哦，观察得比妈妈仔细。

当读到熊爸爸被烫到时。

妈妈：嗯，有什么好办法呢？一般很烫的时候你怎么吃？

幼儿：要等凉凉的。

教师的观察：幼儿会主动观察画面细节，并分享，妈妈也及时回应，给予夸奖，后面也结合画面内容向幼儿提问。

当读到自行车呼啦啦时。

幼儿：为什么呼啦啦？

妈妈：因为兜风，骑着自行车是不是有风？妈妈带你去骑自行车的时候，是不是感觉风呼呼地在耳边吹着？

教师的观察：妈妈会结合生活经验向幼儿解释。

（三）阅读后

教师的观察：妈妈引导幼儿观察客厅的三把椅子，巩固大、中、小三个形容词。

中四班《好乖的波波》

姓　　名　梁芷悠（点点）　年　　龄　5岁　观察者　许佳纯、陈晓芹
阅读地点　房间　　　　　阅读时长　12分　日　　期　2022年6月19日

一、观察记录

勾选	具体指标	照片、作品或轶事记录等证明（插入作品）
√	1.能熟练地翻阅图画书，迅速找到成人提到的页面、页码。	在阅读过程中，点点能熟练地翻书。点点跟妈妈说："我翻页，你讲。"妈妈在讲的过程中点点翻页。

勾选	具体指标	照片、作品或轶事记录等证明（插入作品）
√	2.共读中，会主动观察图画书中主要人物在干什么。	点点看到扉页上的波波问："为什么阿波一个人坐在上面唱嗷呜嗷呜？"
	3.根据对图画书的理解，会产生与主角相应的情绪和相似的行为，表达对主角的理解和喜好。	
√	4.能使用丰富的语言较为连贯地叙述图画书中的主要情节，在叙述过程中会较多地使用图画书中的语句。	妈妈：乌龟爷爷眼睛看不清，我啊呜啊呜唱歌跟他说…… 点点接着说：乌龟爷爷别担心，只要水是干净的，多吃食物有营养，眼睛啊就会看得清。

勾选	具体指标	照片、作品或轶事记录等证明（插入作品）
√	5.能在成人的提示下猜想图画书后面的情节，采用图画或图文方式，仿编、续编图画书情节。	妈妈问：工作了一天，看完动物病人我们也要下班啦，下班他们要做什么？ 点点说：先玩一会儿游戏，就去公园玩，他们最后玩儿滑梯就回家。最后呢，他们吃完饭之后睡觉，睡醒以后又去看病了。
	6.会表达自己是否喜欢所阅读的图画书，并说明原因。	
	7.开始能找到不同汉字中的一些相同部件，发现象形字的象形特征（如"月"的外形像月亮）。	
	8.开始能根据成人的朗读点指所看到的文字，猜测文字的意义。	
√	9.有初步的与纸笔互动的"书写"经验（初步书写是指孩子拿笔和纸随意涂涂画画）。	点点喜欢在美工区涂涂画画。
	10.使用图画、符号、文字等多种形式，创意地表达比较复杂的意思。	

二、勾出符合本次观察背景的项目

☑ 幼儿发起

☐ 家长发起

☐ 新的绘本

☑ 熟悉的绘本

☐ 独立阅读

☑ 在成人陪伴下阅读

☐ 用时1～5分钟

☑ 用时5～15分钟

☐ 用时15分钟以上

三、观察记录（白描）

（一）阅读前

妈妈和点点坐在床上，妈妈把点点抱在怀里，手里拿着绘本《好乖的波波》进行绘本阅读。

（二）阅读中

1. 封面、扉页、环衬的解读

妈妈：我们今天讲的这本书叫什么名字？

点点（指着封面上的名称）：好乖的阿波。

妈妈（指着绘本名称说）：好乖的波波，你看这两个字是不是一样的？

点点：是波波，他不是还有个名字阿波吗？

妈妈：波波是它的大名。

妈妈（指着封面上的出版社）：这本书是明天出版社出版的。

点点：为什么这里写了一个明天出版社？

妈妈：出版社就是出版这本书的单位。

（妈妈介绍作者）

点点：这个人他在哪一个国家呢？

妈妈：她是中国人。

点点：她是中国的，她跟我们一样在中国。

点点（指着扉页上的波波）：为什么阿波一个人坐在上面唱嗷呜嗷呜？

妈妈：对啊，它坐在摩托车上面。

点点：妈妈让我翻，你讲。

教师的观察：

对幼儿的观察：点点能对绘本的名称进行点读，有利于其前识字能力的发展；会主动去翻页；知道有不同的国家，了解自己是中国人。

对家长的观察：能引导幼儿关注封面信息（作者、出版社），并引导孩子观察环衬和封面，这对幼儿阅读习惯的养成有帮助，有利于幼儿了解书的结构，激发幼儿的阅读兴趣。

2. 正文的阅读

（翻到正文第3页）

妈妈：姐姐是什么职业呢？

点点：动物医生。

妈妈：对，姐姐是一位动物医生。

（翻到正文第8页）

（妈妈讲到乌龟爷爷的时候）点点：乌龟爷爷的胡须呢？当爷爷都是有胡须的呀。为什么乌龟爷爷没有？

妈妈：因为乌龟是小动物哇，如果你觉得它需要胡须，它也可以长胡须。

妈妈：乌龟爷爷眼睛看不清，我啊呜啊呜唱歌跟他说……

点点：乌龟爷爷别担心，只要水是干净的，多吃食物有营养，眼睛啊就会看得清。

妈妈：哇，你好厉害呀。

教师的观察：

对幼儿的观察：点点能结合已有的认识进行提问，如认为爷爷都是有胡须的。

对家长的观察：当点点能用绘本中的语句进行描述时，妈妈及时给予肯定。建议可以表扬得更加具体，如：哇，你真棒，已经记住了波波是如何给乌龟爷爷看病了。

（翻到正文第11页）

妈妈：工作了一天，看完动物病人我们也要下班啦，下班他们要做什么？

点点：先玩一会儿游戏，就去公园玩，他们最后玩儿滑梯就回家。最后，他们吃完饭之后睡觉，睡醒以后又去看病了。

教师的观察：点点对波波的一日生活比较熟悉，能快速说出接下来发生的故事。

（翻到正文第12页）

点点（指着画面上的水杯）：这个到底是姐姐的水杯还是波波的水杯？

妈妈：这是姐姐的水杯，波波不用水杯。

点点：阿波用碗喝水。

妈妈：第三项碰碰小鼻子，我来碰碰你的小鼻子。（点点把头抬起来让妈妈碰了碰）

点点：我也想检查眼睛。

妈妈帮点点"检查"眼睛。妈妈边讲边跟点点互动。

教师的观察：

对幼儿的观察：到后面点点的注意力不够集中，不回应妈妈的提问。

对家长的观察：妈妈注意到孩子的注意力不集中，通过跟孩子互动的方式，吸引孩子的注意，很好地将孩子的注意力带回到绘本上。

（三）阅读后

绘本阅读后，妈妈向点点提问。

妈妈：姐姐给阿波做的检查，会检查哪些地方，你记得吗？

点点（在妈妈的引导下）：记得耳朵，摸摸小肚子，耳朵啊眼睛。

妈妈：那你还记得阿波会唱什么歌吗？最喜欢唱什么歌啊？

妈妈：（妈妈翻到那一页）：我们找一找，这里：爱呀，爱噢，爱啊，爱呦，爱是恢复健康最好的药噢。

教师的观察：妈妈在阅读后会通过提问的方式来让孩子回忆绘本的内容，让孩子进一步熟悉绘本的内容。

大二班《金老爷买钟》

姓　　名 <u>孙嘉佑</u>　　年　　龄 <u>6岁</u>　　　观察者 <u>管艳环、张松坪</u>

阅读地点 <u>客厅</u>　　阅读时长 <u>16分25秒</u>　　日　期 <u>2022年6月21日</u>

一、观察记录

勾选	具体指标	照片、作品或轶事记录等证明（插入作品）
√	1.能熟练地跟随成人的朗读翻阅图画书，认真观察图画书的画面和文字信息。	阅读中幼儿点读文字。
√	2.会细致观察并理解画面中主角或主要人物的状态，包括动作、表情、姿态等，解释图画书中主角或主要人物出现的行为、状态的原因，如情绪、想法等。	观察绘本中金老爷的状态，并用动作表达出来。

勾选	具体指标	照片、作品或轶事记录等证明（插入作品）
	3.了解环衬、扉页在图画书中的作用，熟悉图画书的结构，并做出合理的预期（图画书结构：封面、环衬、扉页、正文、封底）。	
√	4.较为完整、清晰地复述图画书内容。	跟着绘本进行文字阅读。
√	5.会对图画书中人物的人格特质进行评价，对图画书所传递的主旨进行初步的思考，表现出对作者意图的认同或质疑，并说出自己的理由。	对金老爷的做法有疑问。

勾选	具体指标	照片、作品或轶事记录等证明（插入作品）
√	6.在阅读图画书时经常关注文字，会假装阅读文字来朗读图画书内容。	阅读中不会的文字，根据自己的理解创编出来。
√	7.在生活和阅读中积极再认已习得的文字。	
	8.会通过一定的线索（语法线索或部件线索）来猜测字词的含义。	
	9.积累并能够书写一些简单的汉字字形，书写时能逐步统一字的大小和间隔。	
	10.在创意书写中出现利用汉字"同音""形似"等特点进行的书写，能够表达更复杂的内容。	

二、勾出符合本次观察背景的项目

☑ 幼儿发起

☐ 家长发起

☐ 新的绘本

☑ 熟悉的绘本

☐ 独立阅读

☑ 在成人陪伴下阅读

☐ 用时1～5分钟

☐ 用时5～15分钟

☑ 用时15分钟以上

三、观察记录（白描）

（一）阅读前

爸爸和孩子在客厅，拿出绘本《金老爷买钟》，准备讲故事。

（二）阅读中

1. 封面、扉页、环衬的解读

幼儿（翻到扉页，手指着文字）：金老爷买钟，明天出版社。（翻页翻到绘本主页手指）

教师的观察：幼儿能观察到封面和环衬图画的不同和相同，并讲述文字信息。

2. 正文的阅读

（翻到正文第1、2页）

幼儿：一天，金老爷在他的阁楼里找到了一只钟。

教师的观察：家长能认真地引导孩子观察金老爷的表情变化，和时钟摆放的位置。

（翻到正文第3、4页）

幼儿：钟站在那里，看上去真不错啊！

（翻到正文第5、6页）

幼儿：于是，他就出去买了另一只钟，并且把钟放在了卧室里。

（翻到正文第7、8页）

幼儿：为什么不直接抱着卧室的钟去阁楼呢？边爬边看，边爬边看。

教师的观察：孩子表现出对金老爷的质疑，并说出自己的理由。（为什么不边爬边看）

（翻到正文第9、10页）

幼儿：金老爷又出去买了另一只钟，放在了卧室里。

（翻到正文第11、12页）

幼儿：金老爷飞快地跑上阁楼，时间是3点52分。

爸爸：飞快是什么意思呢？

幼儿：就是跑到飞起来。

教师的观察：家长会提问幼儿动作的名词，让幼儿讲述他对文字的理解，幼儿根据前面的阅读经验已经猜想到金老爷下一步会怎么做了。

（翻到正文第13、14页）

幼儿：他只好出去再买了一只钟。

（翻到正文第15、16页）

幼儿：把它放在了门厅里，时间是4点20分。接着他飞快地跑到阁楼里，时间是4点23分。

（翻到正文第17、18页）

爸爸：我们看看金老爷的表情变化。

幼儿：发愣的表情。

爸爸：金老爷不知道哪个时间是对的，为什么？

孩子：因为他飞奔得不够快呀。

教师的观察：幼儿会细致观察金老爷每次看的钟时间都不一样，能说出自己对金老爷的行为的看法。（飞奔得不够快呀）

（翻到正文第19、20页）

幼儿：然后金老爷只好去找钟表师傅了。

（翻到正文第21、22页）

幼儿：钟表师傅决定去金老爷家看看那些钟。

（翻到正文第23、24页）

爸爸：那有什么办法可以解决这件事呢？

后面发现时间都和手表的时间是一样的。

教师的观察：家长会对绘本中的内容进行提问，幼儿也能根据图文中的呈现进行讲述。

（翻到正文第25、26页）

幼儿：这只手表真是太妙了！

（翻到正文第27、28页）

幼儿：金老爷说。于是他立刻出门也买了一只手表。

（翻到正文第29页）

幼儿：所有的钟都非常准确了。

教师的观察：

对幼儿的观察：幼儿能观察到时间的变化细节并能用手指进行点读文字。同时还观察了金老爷的行为、表情变化，并说出了自己的想法。

对家长的观察：爸爸会及时地提问幼儿，并能引导幼儿说出自己的想法。同时，爸爸还不断地提醒幼儿观察金老爷的变化，指引幼儿关注到画面的关键信息以及场景中发生的变化。

（三）阅读后

爸爸：时间重不重要？

幼儿：重要哇。

爸爸：你上学的时间是？

幼儿：7点45分

教师的观察：通过绘本阅读，家长很好地衔接利用了时间的观念，让孩子知道时间的重要性，并制订计划。

大四班《荷花镇的早市》

姓　　名　陈安佑　　　　年　　龄　6岁　　　观察者　黄艳华、郑海银
阅读地点　卧室、活动室　阅读时长　19分21秒　日　期　2022年6月18日

一、观察记录

勾选	具体指标	照片、作品或轶事记录等证明（插入作品）
√	1.能熟练地跟随成人的朗读翻阅图画书，认真观察图画书的画面和文字信息。	幼儿会跟随朗读翻页，仔细观察画面。
√	2.会细致观察并理解画面中主角或主要人物的状态，包括动作、表情、姿态等，解释图画书中主角或主要人物出现的行为、状态的原因，如情绪、想法等。	幼儿根据自己的理解，解释人物出现的行为的原因。
	3.了解环衬、扉页在图画书中的作用，熟悉图画书的结构，并做出合理的预期（图画书结构：封面、环衬、扉页、正文、封底）。	
	4.较为完整、清晰地复述图画书内容。	

续 表

勾选	具体指标	照片、作品或轶事记录等证明（插入作品）
	5.会对图画书中人物的人格特质进行评价，对图画书所传递的主旨进行初步的思考，表现出对作者意图的认同或质疑，并说出自己的理由。	
√	6.在阅读图画书时经常关注文字，会假装阅读文字来朗读图画书内容。	幼儿（观察画面的文字）：小鸡毛茸茸。
√	7.在生活和阅读中积极再认已习得的文字。	区域活动时，幼儿根据文字对应拼中国地图。
	8.会通过一定的线索（语法线索或部件线索）来猜测字词的含义。	
	9.积累并能够书写一些简单的汉字字形，书写时能逐步统一字的大小和间隔。	
	10.在创意书写中出现利用汉字"同音""形似"等特点进行的书写，能够表达更复杂的内容。	

二、勾出符合本次观察背景的项目

□ 幼儿发起

☑ 家长发起

□ 新的绘本

☑ 熟悉的绘本

□ 独立阅读

☑ 在成人陪伴下阅读

☐ 用时1～5分钟

☐ 用时5～15分钟

☑ 用时15分钟以上

三、观察记录（白描）

（一）阅读前

幼儿和妈妈坐在书桌前，《荷花镇的早市》平放在书桌上。

（二）阅读中

1. 扉页的解读

妈妈（手指扉页上的书名）：去哪里？

幼儿（观察画面上的文字）：去荷花镇的早市买东西。

妈妈：为什么要去买东西？

幼儿：因为他奶奶今天过七十岁的生日。

妈妈：那什么叫早市呢？你知道吗？

幼儿：早市就是早上的。

妈妈：早上的什么市？你能组个词吗？

幼儿：集市。

妈妈（笑着说）：哇，不错，早上的集市。

教师的观察：家长会有意识地进行应用式的提问，帮助幼儿丰富词汇量。

2. 正文的阅读

（翻到正文第4页）

妈妈：阳阳他们是怎么去的？

幼儿：他们是坐船。（手比画）

妈妈：为什么他们要坐船啊？那边的地理条件怎么样？

幼儿：到处都是湖。

妈妈：所以坐船比走路更方便。

教师的观察：家长会引导幼儿通过绘本了解江南水乡的地理特色。

（翻到正文第3页）

妈妈：他卖的是酒，自家酿的米酒。（笑着说）我们老家有没有米酒啊？

幼儿（笑着说）：黄米酒。

教师的观察：家长通过提问，将故事与孩子的经验联系起来。幼儿能根据自己的生活经验，回答家长的提问。

（翻到正文第9页）

妈妈：他们在李师傅家订的蛋糕为什么现在不拿走？

幼儿：会融化。还要买早饭。

妈妈：还要买别的东西。所以现在拎着蛋糕，有点怎么样啊？

幼儿：有点儿累。

妈妈：有点儿不方便。

教师的观察：幼儿根据自己的理解，解释主要人物出现的行为的原因。

（翻到正文第19页）

妈妈：他们在河边遇到了姑姑的熟人张阿婆。"待会儿你们早点儿来啊，老太太可想你们呢。"（妈妈手指文字）张阿婆说："好的，好的。我特意酿了老太太喜欢的米酒。"

教师的观察：家长会引导幼儿关注书中邻里之间的嬉笑招呼，感受乡民的热情、质朴和小镇浓浓的生活气息、人情味。

（三）阅读后

妈妈：这个集市跟我们这边的集市有什么不同的地方？

幼儿：有各种不一样的东西，不止有菜。

妈妈（笑着说）：你要举例说明啊，我们也有菜啊，我们这边也有鱼啊，有肉啊，还有蛋糕。它最大的不同是什么？

幼儿：它有演戏的。

妈妈：还有呢？去和回都要怎么样？

幼儿：坐船。

教师的观察：家长能有意识地运用挑战式策略，引导幼儿发现身边的集市和江南水乡集市不同的人文特色。